We hebben het over je gehad

# Stéphanie Hoogenberk

# We hebben het over je gehad

2023 Prometheus Amsterdam

Eerste druk januari 2023
Tweede druk januari 2023
Derde druk februari 2023
Vierde druk februari 2023

Enkele passages in dit boek verschenen eerder in een
iets andere vorm in *Het Parool* en LINDA.

Omslagontwerp Roald Triebels
Foto omslag Tamar Levine/Gallery Stock
Foto auteur jeromedelint.com
www.uitgeverijprometheus.nl
ISBN 978 90 446 5090 7

Voor M.

# I

# Havoadvies

Ik zat in de trein terug naar huis vanaf een buitenwijk in Utrecht, het was halftwaalf, en wist na vanavond zeker dat ik de vriendschap met Susan ging opzeggen.

Het liefst had ik haar de volgende dag geappt of gebeld om te zeggen dat onze vriendschap voorbij was – een vriend zei ooit dat ik het lekker vind om mezelf van iemand af te pakken –, maar ik had deze vriendschap al eens met mijn therapeut besproken en zij zei: 'Dood laten bloeden. Laat je niet in de verleiding brengen om de waarheid te vertellen.'

De waarheid was dat het allemaal begon op mijn tiende, toen Susan en haar ouders bij ons om de hoek kwamen wonen, aan het park, in een nieuw aangelegde straat met witte blokhuizen en platte daken. De straat viel uit de toon bij de herenhuizen in de rest van de buurt. In de avond kon je bij elk blokhuis naar binnen kijken, alle interieurs leken op elkaar. Modern en strak en vrijwel allemaal met een vide.

Susans ouders, Jos en Astrid, hadden een goed huwelijk: ze liepen altijd hand in hand, ook in de Albert

Heijn, en deden alles samen. Na omzwervingen door Vinkeveen en Uithoorn voor het werk van Jos waren ze terug bij af: in Limburg.

Jos leek op George Bush junior en sprak met een boers Limburgs accent. De moeder was een kleine gedrongen vrouw van 1 meter 55 en droeg meestal een zijden sjaaltje om haar nek en eronder een onbuigbaar stalen kettinkje met één parel eraan.

Susan was twee jaar ouder dan ik en zat bij mij op school, ik leerde haar kennen op naschoolse tekenles. Haar broertje kwam bij mij in de klas. Op verzoek van mijn moeder ontfermde Susan zich over mij op tekenles en legde de opdrachten van de docent nog eens rustig een tweede keer uit. Ik had een enorme angst dingen niet te begrijpen.

In de schoolpauzes speelde ik vlooitje met mijn klasgenoten, waarbij we steeds hetzelfde slachtoffer aanwezen, een lief maar ongewassen jongetje uit onze klas, dat ons moest komen pakken. Susan stond met een groep vriendinnen te kletsen. Als ik haar gillend voorbijrende zwaaiden we even naar elkaar. Pas als we bij een van ons thuis afspraken, vonden we elkaar weer, dan speelden we Nintendo of schreven we brieven aan elkaar, die zij bezegelde met top secret.

'Wat betekent sukret?' had ik gevraagd.

'Steef!' zei ze verontwaardigd. 'Dat is Engels!'

We waren twaalf en veertien toen we op de derde verdieping van mijn huis vanuit een zolderkamer een tennisbal naar beneden gooiden op het moment dat er een jongen langsliep. Susan wilde zijn aandacht om zo een relatie te beginnen. Mij leek het vooral grappig dat zo'n tennisbal op iemand terecht zou komen; ik bedankte moeders van klasgenoten in de brugklas nog steeds 'voor het spelen'.

Susan en ik spraken vaak af, we woonden op twee minuten lopen van elkaar. Astrid bekeek me altijd goed als ik bij hen was. Ze aaide me een keer bewonderend over mijn blote rug toen ik een t-shirt van Susan paste. 'Ongelofelijk hoe bruin hè, Suus, zo bruin zijn wij nog niet eens na de zomervakantie.' Een andere keer zei ze: 'Jij hebt best grote voeten,' op een toon alsof Susan haar best eerder over die imperfectie had mogen vertellen. Ze kikkerde er zichtbaar van op. 'En een beetje platvoeten ook, of niet?'

Soms at ik mee met hen, soms at Susan bij ons. Mijn moeder vond het fijn als ze kwam eten, want Susan was volgens haar een dankbare eter. Aan mij had ze weinig, want ik at bijna niks, en mijn vader zat iedere avond diep verzonken in de krant. Ze vond dat Susan een groot verantwoordelijkheidsgevoel had voor iemand die zo jong was. Ik was er op een zondagavond achter gekomen, Susan at met ons mee, dat ik de volgende dag een werkstuk over vrouwenbesnijdenis moest inleveren.

Susan, kalm: 'Dat hebben we binnen twee uur af, hoor. Kom maar.' Ik zat naast haar achter de computer en keek toe hoe ze in rap tempo een werkstuk bij elkaar typte, terwijl ik een blikje Lipton Ice Tea dronk en een zakje chips at.

Susan en haar broertje hadden gymnasiumadvies gekregen na de Cito-toets, ik havoadvies. Vlak voor de laatste proefwerkweek in de brugklas had de school mijn ouders gebeld dat er een kans bestond dat ik naar de mavo moest als ik mijn cijfers niet ophaalde. Dat was zo'n schrikbeeld dat ik me een slag in de rondte leerde en na die week vwo-advies kreeg. Omdat ze zagen dat de motivatie ontbrak hielden ze het bij havo. Susans moeder zei: 'Ik heb ook maar havo gedaan, wij kunnen andere dingen weer beter.'

Met andere vriendinnen ging ik skeeleren, knikkeren of aan de tak van een treurwilg boven de beek hangen, met Susan deed ik serieuze dingen. Als we bij haar thuis waren wilde ze fotoalbums bekijken van toen ze klein was. Ik mocht er nooit zelf doorheen bladeren, ze vroeg me altijd naast haar te komen zitten en dan legde zij er dingen bij uit. Dat ging in zo'n tergend traag tempo, werkelijk een kwelling. Maar ik zei er niks van. Ik zei nooit ergens iets van.

Op mijn beurt vertelde ik vol bravoure anekdotes, waarbij Susan me meteen onderbrak zodra er iets niet klopte aan het verhaal. Ik vertelde haar ooit, we zaten nog op de basisschool, dat we met twee families naar Tunesië waren geweest en er allerlei Turken op de markt achter ons aan kwamen om hun waar aan ons op te dringen en –

Susan meteen: 'Er zijn geen Turken in Tunesië.' Toen ik zei dat het er voor het verhaal even niet toe deed, riep ze haar vader. 'Dat kan toch niet, papa?'

'Nee, in Tunesië wonen Tunesiërs,' zei hij met zijn boerse accent.

Jarenlang kwam ze erop terug: 'Ik weet nog dat je een keer naar Tunesië was geweest en dat je zei dat er allemaal Turkse mannen achter jullie aan kwamen op de markt.'

Bij mij thuis speelden we Mario Kart en probeerden we om beurten Donkey Kong uit te spelen. Tussendoor hadden we discussies over bijvoorbeeld de leeftijd van Leonardo DiCaprio, waarna Susan steevast zei: 'Wedden voor vijf gulden?'

Ik ging er altijd in mee en verloor ook altijd.

En toen maakte mijn moeder een fout. Mijn vader werd vijftig en ze had de ouders van Susan niet uitgenodigd, wel hun buren. Mijn vader had met hun buurman gewerkt.

'We zagen bij de buren de uitnodiging voor Franks vijftigste verjaardag staan, wij hebben hem nog niet in de bus,' lachte Astrid.

Mijn moeder had ze van schrik ter plekke uitgenodigd, maar ze kwamen niet. Gepikeerd. Mijn moeder zei tegen mij dat ze niet begreep waarom ze naar die verjaardag hadden willen komen, ze kenden er niemand en mijn moeder had ook niet al haar vriendinnen uitgenodigd, je bleef aan de gang.

Vanaf toen kregen ze kuren. De begroeting van Astrid bleef hartelijk. 'Dag schat!' zei ze altijd tegen mij en 'Haaa Mireille!' tegen mijn moeder. Daarna kwamen de valse opmerkingen. Ze streek eens ongevraagd door de krullen van mijn moeder, terwijl ze met haar andere hand Jos vasthield, en schaterde: 'O, wat erg! Jij krijgt grijze haren!'

Het storendste van alles was dat deze mensen zelf erg snel beledigd waren. Astrid kwam eens thuis na een vriendinnenweekend en zei, de jas nog aan, dat ze een heel dikke vrouw had gezien op het station. Daarop zei Susan: 'Nou, lekker boeiend.' Astrids mond vertrok en ze liep zonder iets te zeggen naar boven. Susan rende haar vlug achterna om het goed te maken, terwijl ik met Jos in de woonkamer achterbleef, waar hij nabrieste om zulke brutaliteit.

Een jaar later stopte mijn vader met werken. De ouders van Susan hadden het hier heel moeilijk mee.

'Hoe is het met de man van zes miljoen en niksdoen?' vroeg haar moeder steeds, ze lachte erbij met een schrapend keelgeluid. Zoals sommige mensen om een grove grap lachen.

Mijn vader vroeg of ik wist wie de man van zes miljoen was. Ik had geen idee. 'Dat was een televisieserie vroeger.'

Jos vroeg iedere keer wat mijn vader nu zoal deed de hele dag. De eerste keren had ik gezegd dat ik dat niet wist, dat hij gewoon thuis was. Op een zeker moment instrueerde mijn vader me dat ik iedere keer moest zeggen dat hij aan het golfen was.

'Ligt je vader thuis op de bank?' vroeg Jos toen ik weer langskwam.

'Nee, hij is aan het golfen.'

De ouders keken elkaar aan en lachten. 'God o god,' zei Astrid.

Ze wisten de man van zes miljoen wel te vinden toen Astrid last had van hoest. Al twee weken lang hoestte ze aan een stuk door. Susan vroeg of ik bij mijn vader wilde informeren of er geen tabletten waren die het hoesten verzachtten. Mijn vader belde Astrid op en adviseerde haar codeïne te slikken, hij kon het haar niet zonder recept meegeven, maar daar moest ze naar vragen bij de huisarts, dat legde de prikkel stil. Binnen drie dagen was ze van de hoest af. Een paar weken later, de moeder had het allemaal ternauwernood overleefd, kwam ik bij hen thuis om een cadeautje af te geven voor Susans broertje, dat een amandeloperatie had gehad. Susan was nog niet uit school. Ik zat met Jos en Astrid in de tuin.

'Heeft je vader al een *Russian bride?*' vroeg haar moeder.

'Hoe bedoel je?' vroeg ik.

'Ik las over een nieuwe website waar rijke mannen een Russische bruid kunnen kopen.'

Zelfs Jos vond dat ze zich te veel liet gaan, want hij zei kort 'Astrid', zoals baasjes hun hond tot de orde roepen. Astrid herstelde zich en zei dat ik mijn vader de hartelijke groeten moest doen, ze was zo goed geholpen door dat recept dat hij had geadviseerd. 'Vindt hij het niet jammer dat hij is gestopt met werken?'

Als ik thuiskwam van de familie Hoeben was de eerste vraag van mijn vader of ze nog naar hem hadden geïnformeerd. Toen ik hem over de Russische bruid vertelde schoot hij in de lach van ongeloof. Hij legde me uit wat 'de kift' betekende. En ook waarom Jos in ribbroeken rondliep. 'Die dragen normaal gesproken alleen huisartsen.'

Susan verhuisde op haar achttiende naar Maastricht om te studeren. Ik was zestien en rookte. Mijn moeder wist ervan doordat ik op winteravonden na het eten nog naar buiten ging om een wandelingetje te maken. Ze had een keer aan mijn vingers willen ruiken.

'Zonde,' zei ze kalm.

Ze vond dat ik het zelf aan mijn vader moest vertellen. Ze gaf daar geen tijdslimiet bij, dus ik deed het simpelweg niet en zij begon er niet meer over.

Op een middag na school stond ik in het park te roken, samen met een vriendin. Ik zag net te laat de ouders van Susan hand in hand het park in lopen. Ze zagen van een afstand hoe ik snel mijn sigaret in de struiken gooide.

Toen moesten ze nog passeren.

Ik stond er totaal verloren bij. Ze hielden beiden stil, hand in hand, en keken me zwijgend aan. Geen lachje, niks. Ze keken alleen secondelang op een manier van: we hebben je gezien.

Wat me normaal gesproken een houding gaf had ik net weggegooid. Ik glimlachte betrapt, met ontblote tanden. Mijn gezicht voelde heet.

'Dat hebben we gezien, dame,' zei de moeder. 'Dat hebben wij gezien.'

De vader wees op een prullenbak naast me en zei

dat ik daar de sigaret, die ik in de struiken had gemieterd, in kon doen.

Mijn vriendin rookte ontspannen door met een verveelde blik.

'Dit is zo erg,' zei ik tegen haar toen ze wegliepen. 'Dat waren de ouders van Susan.'

'Nou en,' zei ze. 'Je moeder weet het toch?'

Thuis vertelde ik het meteen aan mijn moeder.

'Hè, verdomme,' zei ze. 'Uitgerekend bij die twee.' Ze zuchtte diep. 'Wat zijn het toch ook een verschrikkelijke mensen. Verschrikkelijk. Ik zie ze er nog voor aan dat ze het tegen papa vertellen.'

Van Susan hoorde ik al snel de andere kant van het verhaal. Haar ouders waren in totale shock, verbijsterd. Susan vertelde me wat ze over me hadden gezegd: 'Van dat meisje komt heel weinig terecht.' Ze hadden me ordinair genoemd. Iets waar Susan dan weer om moest lachen, omdat ze het – zo vatte ik het op – overdreven vond. Ik wist van wie de woorden kwamen, en je zou zeggen dat je je van zulke mensen niks aantrekt, maar dat deed ik wel. Ik denk zelfs dat daar mijn bewijsdrang is ontstaan.

Terwijl ik stevig doorrookte en niet wist welke koers ik moest varen, vond Susan haar man. Ze was negentien en had al twee relaties erop zitten, die zij beide keren beëindigde. Een goede vriendin van haar zei ooit tegen me: 'Bij Susan kun je een tijdsprong van twintig jaar maken en je weet precies hoe haar leven eruitziet.'

De eerste keer dat ik Jeroen ontmoette vond ik hem geruststellend lelijk. Ik dacht: zoiets moet er voor mij toch ook in zitten.

Ik verlangde van alles van het leven maar kreeg het maar niet te pakken. Ik vond Susans relatie zowel jaloersmakend als verschrikkelijk. Aan de ene kant wilde ik ook samen zijn met iemand, aan de andere kant hoopte ik nooit zo afhankelijk te worden van een man als Susan. Ik heb een geweldige allergie voor vrouwen die zich afhankelijk opstellen. Op tv zie je ze ook: het zijn de vrouwen die ter goedkeuring naar hun man kijken terwijl ze iets tegen de interviewer zeggen.

Zelfs toen Jeroen en Susan na een paar jaar gingen samenwonen kon ze niet spontaan met me afspreken in het weekend, ze checkte altijd eerst wat Jeroen deed. Ik stuurde haar ooit een fantastische documentaire door en ze appte terug: 'Leuk! Ik wacht op Roen met kijken, die is tot volgende week in Argentinië voor werk.'

Ik appte dat die documentaire maar een week online stond, ze appte terug: 'Jammer.'

Ik ging na de middelbare school een jaar in een kledingzaak werken, ik wist niet welke studie ik moest kiezen. Susan zat in haar tweede jaar marketing aan de universiteit van Maastricht. Ik keek torenhoog op tegen iedereen die universiteit deed, zelfs tegen studenten marketing.

Op een zaterdagmiddag kwam Astrid langs met haar zoon, niet iemand die veel om kleding gaf en ook niet iemand die alles kon hebben. Hij had net als Susan een witte huid. Susan had het altijd over frisse en niet-frisse kleuren. Gek werd ik daarvan. 'Geen frisse kleur,' zei ze over alle aardkleuren. Bij frisse kleuren dacht ze aan pasteltinten, dat waren de enige kleuren die ze droeg: lichtgeel, lichtoranje, lichtroze. Afgekeken van haar moeder, die was ook gek op pastel.

Astrid stond op het punt om zo'n pastelkleur ook voor haar zoon aan te schaffen, dus ik wilde de andere kant op bewegen en hield een zwart T-shirt bij zijn gezicht. Hij werd er meteen een stuk krachtiger van.

'Gad, nee,' zei Astrid, en ze gooide het shirt lachend over mijn hoofd.

Gelukkig zag ik haar ouders nog zelden, maar nu begon Jeroen een stoorzender te worden. Achteraf gezien heeft het nog lang geduurd voordat ik een hekel aan hem kreeg. In eerste instantie vond ik het normaal dat hij en Susan hand in hand tegenover me zaten in een café, terwijl Jeroen dingen tegen me zei als: 'Lijkt me best lastig voor jou om een relatie te vinden, mannen houden niet van dominante vrouwen.' Susan schudde dan haar hoofd, zij vond mij totaal niet dominant. Dat was wel apart: mijn dominantie kwam bij Susan niet tot uiting. Misschien omdat ze al vanaf mijn tiende heel gevat op me reageerde. Ik liep eens met een glas cola bij haar ouders thuis naar de woonkamer, waar net een nieuw beige tapijt lag. Omdat ik moest niezen, klotste er cola over mijn glas, net niet op het tapijt. Ik zei geschrokken: 'Poeh, hadden jullie geluk!' Waarop Susan direct zei: 'Of jij.'

Ik schrok me dood van zo veel assertiviteit.

Naast het delen van zijn observaties over mij, stelde Jeroen me ook vaak kennisvragen, waarbij zowel hij als Susan een beetje lacherig naar me keek tijdens het nadenken. Hij vroeg een keer waarom ik dacht dat het kabinet die dag was gevallen. Ik volgde de politiek nauwelijks. Ik dacht door Ayaan Hirsi Ali maar durfde het niet te zeggen. Tot zesmaal toe spoorde hij me aan om te antwoorden wat er in me opkwam, maar ik durfde het gewoon niet te zeggen en had spijt toen bleek dat ik gelijk had.

Dat ik mijn best deed om zijn vragen te beantwoorden kwam voort uit mijn havocomplex. Het was in die kledingzaak ten volste tot me doorgedrongen dat ik mijn intelligentie volledig moest gaan benutten wilde ik van mijn onzekerheid afkomen. Ik was begonnen aan de lerarenopleiding Nederlands, tien minuten lopen van mijn ouderlijk huis, las voornamelijk non-fictieboeken, en zocht alles op wat ik niet kende. Ieder woord, iedere term. Op een zeker moment ging ik mondelinge taalfouten van Susan en Jeroen verbeteren, daar werden ze heel geïrriteerd van. Ik sloeg ook door, ik noteerde spelfouten onder de waarbenjij. nu van Jeroen, waar hij vrij kinderlijk zijn stageavonturen in Bolivia beschreef.

'Steef?' zei Susan een keer ernstig. 'Het valt me op dat je best wel moeilijke woorden gebruikt sinds je op de lerarenopleiding zit.'

Ik had zojuist het woord 'proletariaat' gebruikt in een doodnormale zin.

Susan speelde een volwassene en nam me daarin mee. Op mijn twintigste schonk ze me een glas rode wijn in bij de pasta die ze had gemaakt; pasta uit een kookboek. Niemand van mijn leeftijd kookte uit een kookboek. Ik zei niet van rode wijn te houden, maar ze zei: 'Drink toch maar, je moet aan de smaak wennen.'

Door haar was ik iemand die al heel jong van rode wijn hield. Ze gebruikte ook al heel jong koriander.

Toen we een keer door de stad liepen zei ik dat ik haar vriendin Nina zo aardig vond, heel geïnteresseerd.

'Ja,' zei Susan. 'Zij is heel geïnteresseerd in anderen. Ik denk dat jij soms ook iets meer vragen mag stellen aan een ander.'

Het klinkt alsof ik van een andere planeet kwam, maar niemand had me er ooit op gewezen dat vragen stellen onderdeel was van een conversatie. Ik ben erop gaan letten en kreeg steeds vaker na zo'n verjaardag te horen dat mensen mij ook erg leuk vonden. Ik had niet op Susans kritiek gereageerd toen ze het tegen me zei, maar ik was er stiekem toch erg blij mee.

Ze adviseerde me om ook in Maastricht te komen wonen en vanuit daar met de trein naar mijn opleiding te gaan, dan werd ik al wat zelfstandiger. Susan nodigde me dagelijks uit om bij haar te komen eten. Ze stelde me voor aan haar vriendinnen marketing en nodigde me altijd uit als ze met hen op stap ging. Ik kende bijna niemand in Maastricht. Andere vriendinnen zaten in Amsterdam of Tilburg.

In het tweede jaar van mijn studie studeerden Susan en haar vriendinnen bijna af, ik besloot me aan te melden bij een dispuut. Omdat ik dit besluit pas in de tweede helft van het tweede studiejaar nam, was ik het enige aspirant-lid. Nooit had ik gedacht dat ik een ontgroening aan zou durven, ik las er wel eens verhalen over, maar het was noodzaak: ik had nieuwe mensen nodig.

'Ik denk wel dat je veel gaat huilen,' zei Susan. 'Jeroen is de enige van zijn dispuut die niet gehuild heeft.'

(Ik heb nooit gehuild in het bijzijn van mijn dispuutgenoten, wel thuis. Ik was vier kilo kwijt aan het eind.)

Hoe dan ook: voor de derde avond van mijn ontgroening moest ik een pokeravond organiseren. 'Zorg dat je de spelregels kent,' instrueerde het bestuur me.

Ik ben slecht in kaartspelletjes. Zelfs pesten lukt me niet. Gebrek aan interesse. Susan zei: 'Je kunt Jeroen vragen als je wilt, die kan het goed.'

Hij nodigde me uit om naar zijn dispuutshuis te komen, waar hij me samen met een dispuutgenoot zou leren pokeren. Susan had tentamens. Meerdere keren legde hij het spel uit en toen kwam de gebruikelijke afsluiter: 'Laten we gewoon een potje spelen. Inzet ieder vijf euro.'

Ik deed maar wat, ik kan ook niet navertellen wat ik niet begreep, of wat ik deed, maar op een zeker moment zeiden Jeroen en zijn dispuutgenoot dat ze doorgingen. Ik blufte en ging ook door, ik had niks noemenswaardigs in handen, maar dat bluffen kon ik goed.

Ze gingen ronde na ronde door, ik ook. Jeroen keek me vragend aan, wilde ik serieus door? Had ik echt zulke goede kaarten? Ik weer bluffen.

Uiteindelijk was het moment daar dat we alle drie onze kaarten toonden. Meteen zei Jeroen: 'Steef! What the fuck! Je hebt niks, je had moeten afhaken.' Hij keek me aan alsof hij water zag branden. Aan mijn gezicht moet hij hebben gezien dat ik me diep, diep schaamde, want hij liet me voor zijn doen vrij snel met rust.

'Weet je wie echt heel goed is in pokeren?' vroeg hij nog wel, terwijl hij de kaarten opruimde. 'Susan.'

'O, echt?' vroeg zijn dispuutgenoot.

'Ja,' zei Jeroen trots. 'Die is zo snel en analytisch.'

De schaamte voelde heet in mijn borstkas. Ik zag voor me dat Jeroen meteen Susan zou bellen zodra ik de deur uit liep en hoorde hen al samen lachen. Ik had hem nog verliefder op zijn meisje gemaakt dan hij al was.

Eén keer kwam ik nog bij de ouders van Susan thuis, in een herfstvakantie. We stonden allemaal, Susan, haar broertje, Jeroen, Jos en ik, rond het aanrecht, waar Astrid heel rustig in een paar pannen stond te roeren. Ik had net een ticket geboekt naar een Italiaanse vriendin in Fano en vertelde er verheugd over, ik had haar leren kennen op mijn taalcursus Frans die ik die zomer in Nice had gedaan.

'Hoeveel kost zo'n ticket?' vroeg de moeder.

Dat leek me nu de minst interessante vraag na alles wat ik vertelde.

'Geen idee,' zei ik.

Susan vroeg: 'Heeft pappie betaald?'

'Driehonderd euro,' zei ik.

De moeder stopte met roeren, keek me aan en zei: 'Weet je dat het voor jou heel erg moeilijk wordt om een man te vinden later? Mannen houden niet van verwende meisjes.'

Ik was negentien, had nooit een vriendje, en nam deze opmerking serieus.

'Die vrouw is een kobold,' zei mijn vader toen ik het thuis navertelde. 'Die heeft het kop-op-de-kont-syndroom. En dan ook nog zo'n platgeslagen achterwerk.' Mijn vader vindt dat je nooit met het uiterlijk van mensen mag spotten, totdat ze hem irriteren. Dan mag alles.

In hun gezicht bleven mijn ouders vriendelijk tegen de familie Hoeben. Achter hun rug om dreven we de spot met ze.

'Daar komen die kneuzen weer aangelopen,' zei mijn vader steeds als hij Astrid en Jos vanuit de verte zag. En toen hij op een dag de straatprijs van de Postcodeloterij won belde hij me: 'WE HEBBEN 20.000 EURO GEWONNEN!!!' En een seconde daarna: 'Die van Hoeben staan nu stampvoetend voor de tv.'

Susan begreep eigenlijk geen snars van me. Ze vond me lief, ze vond me ontzettend grappig, we konden goed praten met elkaar, zij meer met mij dan ik met haar, maar echt begrijpen deed ze me niet. Als ze echt wist wie ik was zou ze niet jarenlang terugkomen op die keer dat ik Tunesiërs Turken had genoemd. Of op een misplaatste opmerking die ik ooit op Jeroens verjaardag had gemaakt. 'Dat is die baas van Jeroen tegen wie jij toen zo'n rare opmerking maakte.' Omdat ik uit schaamte geen sjoege gaf, bleef ze het herhalen zodra die baas weer ter sprake kwam. Nooit zei ik dat ik het nu wel wist. Nooit heb ik gezegd: 'Weet je nog die keer dat jouw ouders een weekend weg waren en jij een heel kort rokje aan had getrokken met hakken eronder met koordjes om je kuiten, en dat we toen naar Maastricht gingen met de trein, waar een groep wielrenners je vijf cent toewierp? Dat je daarna in de Bijenkorf die touwtjes naar beneden hebt gedaan om het minder hoerig te maken?'

Ik ergerde me het meest aan haar als ze niet bij me was. Alsof dan pas alles tot me doordrong. Susan wilde nooit twee keer in hetzelfde restaurant eten, dat vond ze burgerlijk. Ook vóór acht uur 's avonds eten: burgerlijk. Bij een keten eten: ook burgerlijk.

Mensen die bang zijn voor burgerlijkheid zijn allang burgerlijk.

Ik ergerde me wild aan haar gewoonte om alle merknamen op zijn Engels uit te spreken. Een Audi TT sprak ze uit als Audi tie-tie. De GB in België (de Grand Bazar) werd djie-bie, en toen ik later op de universiteit een minor Taalkunde deed, de hoogleraar sprak het uit als mie-nor, want Latijn, corrigeerde ze me en zei: 'Je bedoelt mai-nor.'

Dat is wat marketing met een mens doet.

Er was een zekere competitie in onze vriendschap geslopen. Tegen mijn moeder zei ik altijd lelijke dingen over Susan, waar ze de ene keer vreselijk om moest lachen, en de andere keer van zei dat ik eens bij mezelf te rade moest gaan waar mijn agressie vandaan kwam. En als ik zei dat ik me schaamde tegenover Susan, omdat mijn leven zo anders was, zo ongeorganiseerd, zei ze: 'Maar Susan hóudt van jou! Die is echt hartstikke gek op je.'

Alle opmerkingen, die van haar ouders en die van Jeroen, Susan die het allemaal in zekere zin leek te faciliteren, irriteerden me op den duur zo erg dat ik wist dat de vriendschap geen lang leven meer beschoren zou zijn als ik er niks van zei. Ik belde haar op en zei wat me dwarszat, zonder me er belachelijk over te voelen; ik vond hen belachelijker. Ik vertelde dat alle opmerkingen van haar ouders zich in mijn hoofd hadden genesteld. En ook die van Jeroen. De laatste keer had hij me gevraagd hoeveel procent alcohol er in een glas wijn zit als er op de fles 12 procent staat. Susan was op de gang haar schoenen aan het aantrekken en riep: 'Roen! Doe effe normaal, dat weet Steef ook nog wel.' Waarop Jeroen heel hard lachte en zei: 'Nou, niet dus! Hahaha!'

Susan zei dat Jeroen me juist heel slim vond, dat hij daarom zo veel vragen stelde. Haar stem trilde.

Van de opmerkingen van haar ouders had ze nooit iets meegekregen. 'Ik weet ook niet of ik ze daarop kan aanspreken,' zei ze. 'Ik heb niet zulke ouders als jij. Jij kunt alles tegen je ouders zeggen.'

Er ging een golf van compassie door me heen en een hele tijd bekeek ik onze vriendschap met mededogen. Totdat ze zich op een avond weer onverwachts bij haar ouders voegde.

We woonden inmiddels in Amsterdam, tien minuten bij elkaar vandaan.

Susan en Jeroen hadden hun eerste kind gekregen: Jack. Een naam die verried dat ze zichzelf totaal anders zagen dan hoe ik hen zag. Via WhatsApp verstuurden ze een foto van hun drieën. Voor het eerst viel het me op dat Jeroen met iets langer haar met gemak als vrouw door het leven zou kunnen; hij droeg niet voor niets op die foto een t-shirt met het Marssymbool erop. Het leek net een lesbisch stel.

Susan en haar ouders zouden naar een concert van Bob Dylan gaan in de RAI. Jos en Astrid zouden bij Susan blijven logeren, de vraag was of ik wilde oppassen op de zes maanden oude Jack. Ik stelde me zo voor dat haar ouders inmiddels een stuk tevredener waren met hun leven. Ze hadden twee kleinkinderen – Susans broertje had ook een kind gekregen – en ze waren eindelijk ook met pensioen, ze hoefden tegen niemand meer op te kijken. Ik durfde het aan.

Astrid stond me boven aan de trap op te wachten met Jack op haar arm.

'Jack is een beetje moe,' zei ze tegen me als begroeting.

Ik aaide hem over zijn kale bolletje en grapte dat dat niet de afspraak was. Smalltalk.

De moeder bekeek me van top tot teen, ik voelde dat ze haar ogen niet van me af kon houden, totdat ik haar aankeek.

'Ja, ik ben even aan het kijken,' zei ze. 'Je begint steeds meer op je moeder te lijken.'

'Dat vind ik een groot compliment,' zei ik, waarmee ik een compliment afdwong, want daarop zei ze: 'Ja, natuurlijk!'

Ze vertrokken gedrieën naar het concert, Roen was weer eens op zakenreis. Toen Jack op bed lag belde ik mijn moeder.

'Ze zei dat ik steeds meer op jou lijk.'

'Zie je er leuk uit?'

Rond halftwaalf hoorde ik de sleutel in het slot. Ik zat een beetje tv te kijken. Jos en Astrid kwamen verhit binnen, twee Limburgers in de grote stad. Astrid ging in een strakke fauteuil zitten met een tijdschrift, de vader op een poef aan de salontafel, Susan naast mij op de bank. Ze vatte het concert in een paar zinnen samen. De ouders keken naar de tv en zeiden dingen over de mensen die ze zagen.

'Bah, wat een vreselijke aanstelster is die Chantal Janzen,' zei Astrid.

Jos zei iets over de 'obscene bewegingen' van een danseres. Dat ging tien minuten zo door, totdat ik besefte dat Jos en Astrid me negeerden – we hadden elkaar zeker vijf jaar niet gezien. Ik maakte aanstalten om op te stappen.

'Wil je een biertje, Stéphanie?' vroeg Jos toen, alsof hij plots besefte dat ze waren doorgeslagen in hun aanpak.

Ik was weer te snel met mijn oordeel, dacht ik, en ging weer zitten. 'Lekker.'

Ik blijk heel erg gevoelig voor het woord 'biertje'.

George Bush junior vroeg met zijn boerse accent wat ik nu precies deed. Het was een beroerde timing, want ik was er net uit gewerkt bij een reclamebureau en had geen baan en ook geen relatie om mee te pronken. Ik noemde op welke freelanceklussen ik de afgelopen tijd had gedaan, deed overal een schepje bovenop en zei ten slotte: 'En ik zou voor de VPRO-gids gaan schrijven, de hoofdredacteur vond dat ik een heel goed idee had, er is alleen nog geen vervolg op gekomen.' In die tijd was dat al iets wat ik het vertellen waard vond: een hoofdredacteur die terug-mailde.

Toen zei Susan op rechts, die ik trots en verrukt had verteld over deze mailwisseling: 'Misschien was het niet goed genoeg.'

Astrid, die al die tijd wezenloos in een *Residence* zat te bladeren, keek op en zei tegen mij: 'Ongelofelijk. Jij wordt al bijna dertig, hè?'

'Ja,' zei ik. 'Oktober.'

Het was juni.

Susan probeerde het nog te redden en zei: 'Ja, mam, ik al tweeëndertig, dat is nog erger.'

Een kwartier later stond ik buiten, nadat ze me allerhartelijkst hadden bedankt.

Anderhalf jaar nadat Jack was geboren kregen Susan en Jeroen hun tweede zoon: Frenkie. Ze waren inmiddels uit Amsterdam verdreven, naar een rijtjeshuis in Utrecht.

'Hippe naam, leuk ook dat hij in de top 10 staat,' zei ik op kraamvisite. Want ik had zo ook mijn plaagstootjes.

Geschrokken keken ze elkaar aan en begonnen te googelen. Ik schreef op mijn beurt op Susans verzoek een welkomstboodschap in het kraamboek, waarvoor ik mijn kostbare creativiteit moest gebruiken om niet als alle anderen te schrijven wat voor een bijzondere ouders Frenkie had, die nu al verschrikkelijk veel van hem hielden.

Ik was lange tijd bang dat Jeroen haar ten huwelijk zou vragen en dat ik dan zonder relatie daarnaartoe moest en weer van alles van die ouders zou moeten slikken. Het was een serieuze angst. Tussen het tweede en derde kind zag ik kans om te ontsnappen.

Susan vroeg of ik zin had om te komen eten in Utrecht op een donderdagavond. Ze vroeg me om eerst even naar haar huis te komen, wat inhield dat ik vanuit Utrecht Centraal nog een andere trein moest nemen. 'Dan kun je de kindjes nog zien.' Ik zou toekijken hoe Susan ze te eten gaf en een half gesprek met mij zou proberen te voeren, dat altijd begon met de indringende vraag: 'Hoe is het met je, Steefje?'

Die middag appte ze weer: 'Als je een halfuurtje eerder komt, kun je mee de kindjes ophalen van school.'

Ze deed het voorkomen alsof het mijn dromen waren. Straks zou ze nog zeggen dat ik de kindjes mocht uitkleden en in bad mocht doen.

Ik appte dat ik er zou zijn, en iets later dat ik helaas mijn trein had gemist.

Susan was druk in de weer met een simpele pasta broccoli voor haar kindjes, die ze tot een moesje prakte. Haar oudste kind, toen drie, liet me een dubbelgevouwen kaart zien, en zei me dat ik hem het beste bij de puntjes open kon maken, dan ging het makkelijker. Ik keek met open mond naar Susan, die onmiddellijk rood aanliep van trots. Sommige mensen kunnen trots kijken zonder dat het irriteert. Susan niet. Ik denk omdat ze hetzelfde keek als alle keren dat ze me vertelde dat zij en Jeroen een lange reis gingen maken door Indonesië, Bangladesh of Peru. Die reizen maakten ze tijdens onze studententijd en ik had haar wel eens eerlijk verteld dat ik ook een vriend wilde met wie ik dit soort reizen kon maken (ik dacht toen nog dat ik dit soort reizen wilde maken). Daar reageerde ze heel begripvol op, om nog geen drie weken later te vertellen dat zij en Jeroen – en ze moest dan een soort trotse lach onderdrukken – drie maanden naar Panama gingen, nadat ze eerst drie weken met zijn ouders naar Botswana zouden gaan.

Jeroen kwam thuis van zijn werk en begroette me. Hij vroeg of ik een biertje wilde; Susan ging de jongste naar bed brengen.

Gek, dacht ik nog, dat hij in mijn hoofd een soort

monster is, hij bedoelt het allemaal niet slecht. Ik ben echt heel erg ontvankelijk als iemand me een biertje aanbiedt. Ik denk dat ik het associeer met broederschap.

Ik had inmiddels drie stukken gepubliceerd voor *Volkskrant Magazine*, waardoor ik met meer zelfvertrouwen naar Susan en Jeroen ging. Ik had zelfs columns mogen schrijven voor *Het Parool* en mijn eerste publicatie over een singlereis in Kroatië was goed gelezen. Meerdere uitgevers hadden me naar aanleiding van dat stuk gemaild.

De broederschap was van korte duur. Jeroen vroeg of ik nog wel eens iets schreef, terwijl hij zijn schoenen uittrok en gehurkt op hun strakke fauteuil ging zitten. 'Ik heb al lang niks meer van je gelezen,' zei hij.

'Ik heb net vijftien columns voor *Het Parool* geschreven,' hapte ik.

'Ja, oké,' zei hij, 'maar dat is nu klaar.'

Ik besloot een tandje bij te zetten.

'Ze hebben me bij *Volkskrant Magazine* weer gevraagd voor drie reportages.'

Omdat hij er stoïcijns bij keek voegde ik eraan toe dat ik een Hollywoodster mocht portretteren en liet achterwege dat de kans nihil was dat deze ster zou meewerken.

Geen reactie.

'En verder ga ik met de gemeente Amsterdam twee dagen op teambuilding.'

Jeroen: 'Dat lijkt me best wel saai, eerlijk gezegd.'

'Nee hoor,' zei ik. 'Dat wordt net zo'n stuk als die singlereis.'

'Maar dat was een superveroordelend stuk.'

'O ja? Noem eens iets.'

'*Really*, Steef?'

Mijn hart bonsde in mijn keel alsof er een roofdier voor me stond; er is weinig agressiever dan mensen die ineens Engels gaan spreken.

Susan kwam de kamer binnen.

'Zo,' hijgde ze. 'Die slaapt.'

'Maar noem eens iets,' zei ik weer. Ik keek naar de rij KLM-huisjes op het witte tv-meubel achter hem.

Susan bleef staan en keek naar Jeroen.

'Je beschreef een van die vrouwen uit het stuk met een gele glitterjurk aan en sandalen.'

'Ja, dus?'

'Steef, kom op. Het was de enige vrouw bij wie je de kleding beschreef.'

'Dat zijn feiten, maar jij vindt dat lelijk, jij denkt vanuit jouw referentiekader.'

Susan hoefde blijkbaar geen uitleg waar het over ging om zich ertegenaan te bemoeien. 'Hm,' zei ze. 'Weet ik niet.'

'Het enige wat je veroordelend zou kunnen vinden is dat ik het "verstandige sandalen" noemde.'

Susan keek naar Jeroen.

'Dat vind ik nu juist niet veroordelend,' zei hij.

'Nee,' zei Susan peinzend, 'ik geloof ik ook niet.'


Ik sprong achter op de fiets bij Susan, want we gingen bij de Spaghetteria eten, een keten, iets waar ze normaal gesproken tegen was, maar niet nu ze zo dicht mogelijk bij huis wilde eten.

Ik kwam net terug van drie weken Parijs, waar ik alles had gegeten waar ik zin in had. Toen ik mijn trui uitdeed keek Susan net iets te lang naar een plek waar ik onzeker over was: een vetkwabje boven mijn beha. Een ander zou zeggen dat ik het me verbeeldde, maar ik weet dat dit niet het geval was. Susan had ooit tegen me gezegd dat ik een goed figuur had, maar dat ze het wel zou begrijpen als ik iets aan mijn buik wilde doen. Toen ik na mijn studententijd voor het eerst in mijn leven fanatiek begon te sporten en daar ook vaak met genoegen over sprak, vroeg ze: 'En je buik?'

'Weg,' zei ik, terwijl ze, zonder dat ik me nog kon verweren, mijn buikvet in zijn volledigheid vastgreep. Zelfs in een vrouwenvriendschap is dit bijzonder vrijpostig, maar nog storender was dat ze daarna niks zei. Geen 'inderdaad'. Gewoon vastpakken en niks zeggen.

Er was een hoop gebeurd in Parijs, ik vertelde de luchtige dingen na. Als ik die ene gebeurtenis zou navertellen die de weken donker gekleurd had, zou ik boven mijn bord pasta in huilen uitbarsten. Bovendien had ik al iets laten vallen over een inzicht dat ik de dag ervoor bij mijn therapeut had geleerd, waar ze nauwelijks op reageerde. Helemaal niet, eigenlijk. Ik denk dat ze therapie een beetje aanstelleritis vond. Ze moest haar lachen inhouden toen ik ooit naar fysiotherapie moest nadat we samen 14 kilometer hadden gewandeld, zij nota bene zeven maanden zwanger. Susan en Jeroen waren aanpakkers, hardlopers,

daar deelden ze ook foto's van: foto's waarop ze allebei met vuurrode, gevlekte gezichten bij de finish van
de Dam tot Damloop stonden met een medaille tussen de tanden.

Ik vertelde dat ik een geweldige man had ontmoet
met wie ik een weekend lang was opgetrokken. Het
was, zei ik, een weekend waarover ik wel eens had ge-
fantaseerd. Dat je onverwachts zo'n leuke man ontmoet en een weekend lang in elkaar opgaat.

'Hij was ook zo knap,' zei ik.

'Foto?' zei Susan.

Ik liet haar de foto zien.

Ze keek ernaar en glimlachte minnetjes.

Op haar beurt vertelde Susan dat ze naar een mag-
netiseur was geweest voor haar eczeemprobleem en
lachte er quasischuldbewust bij, omdat ze zichzelf als
nuchter zag. Ieder mens ziet zichzelf als nuchter, totdat er wanhoop is.

We aten pasta, dronken twee glazen rode wijn
en rekenden af. Op de fiets naar huis zei ik over een
bootrestaurant dat dat me ook leuk had geleken.

'Dat is een coffeeshop, Steef.'

Ik zei dat ik nu al seniel werd. Ze lachte heel hard
met haar mond wijd open, het levendigste moment
van de avond. Ze vroeg me of ik Noor nog zag, het
onderwerp dat ik tijdens het eten had willen mijden.
Het was een typische Susan-vraag: zie je die nog en zie
je die nog. Ik begreep nooit waar ze naar op zoek was.

Gelukkig sprak ik tegen haar rug toen ik zei dat
Florine onze vriendschap per app had beëindigd, en

dat Noor achter Florine stond. 'Het heeft Parijs minder leuk gemaakt.'

'Hm,' zei Susan, terwijl ze remde en ik van de bagagedrager sprong. 'Ben maar blij dat je van ze af bent dan.'

Ze zette de fiets op de standaard en zei dat ik nog even mee naar binnen moest om mijn verjaardagscadeau mee te nemen.

Was dat alles wat ze erover ging zeggen? Als het haar was overkomen was ze gestorven. Ik dacht aan die keer dat we in onze studententijd naar de film gingen en ze vlak voor vertrek ruzie kreeg met Jeroen over een linnen tasje. Ze had gevraagd of hij er eentje wilde aangeven en hij had daar korzelig op geantwoord. Daar was ze zo door van slag dat ze de hele film niet volgde en die energie ook op mij neerdaalde, waardoor ook ik de film niet volgde.

Haar oudste kind riep haar, ze rende naar boven.

Ik kwam de woonkamer in, waar die pezige marathonrenner zat, de feminiene Kuifje. Zijn haargrens nog een stuk verder teruggetrokken dan aan het begin van de avond, zijn kop roder dan rood. Als hij maar niks onder de leden had.

Hij had aan het begin van de avond verteld dat hij als enige van kantoor altijd een praatje maakte met de zwarte schoonmaker. Niemand interesseerde zich voor die man, maar hij, Jeroen, vond het juist leuk om met hem te praten.

Toen hij na zijn studententijd solliciteerde naar zijn eerste baan, nadat hij eerst een mooie reis had gemaakt, was hij in de vijfde ronde afgewezen. Susan vertelde me destijds dat hij het jammer vond, maar het tegelijkertijd ook heel goed vond om eens te ervaren dat niet alles lukte.

'Hebben jullie lekker gegeten?' vroeg Jeroen.

'Ja, was lekker,' zei ik. 'Susan is even naar boven, want Jack riep.'

Ik vroeg om een plastic zak voor mijn cadeau. Susan kwam naar beneden en gaf Jeroen een kus op zijn mond. 'Ha schatje,' zei ze, 'Ha boef,' zei hij, en ze keken elkaar aan alsof ze elkaar het jawoord gingen geven waar ik bij stond. Ze hadden elkaar twee uur niet gezien.

Jeroen zei met me mee naar buiten te lopen. Ik was even bang dat hij met me mee zou lopen naar het station, maar hij bedoelde dat hij het vuil buiten ging zetten.

'Hoe zou je deze kleding beschrijven als het moest?' lachte Jeroen, die zijn joggingbroek opzij vastpakte. 'Een comfortabele outfit?'

Susan beet op haar wijsvinger, maar proestte het alsnog uit. Ze liepen met zijn tweeën lachend achter me aan naar de voordeur. Ik voelde me net als die ene keer dat Jeroen mijn nieuwe winterjas ging passen en deed alsof hij ermee op de catwalk liep. Toen schreeuwde Susan het ook zowat uit van het lachen.

Het was een humor die ik niet begreep, en daardoor leek ik heel ernstig toen ik deze keer zei: 'Nee, dat zou ik dus nooit schrijven, ik zou zeggen dat je een joggingbroek draagt.'

Lachend zwaaiden ze me uit.

'Ik vond het supergezellig, Steefje,' zei Susan.

'Ik ook,' zei ik, want beleefd zijn kun je rustig aan mij overlaten.

In de trein terug staarde ik recht voor me uit, het was te donker om naar buiten te kijken, de ramen spiegelden. Ik zag voor me hoe ik een heel leven lang geïrriteerd bleef door deze twee mensen, het zou nooit overgaan, ik zou altijd slecht blijven praten over Susan, ik zou Jeroen nog meer gaan haten, hem in mijn dagdromen vertellen dat hij op tante Sidonia leek, en besloot nog voordat ik in Amsterdam aankwam dat dit de laatste keer was geweest.

Anderen zouden het niet begrijpen, die lieve Susan die altijd alles voor me deed.

Een paar weken later appte Susan me of ik zin had om weer eens te eten. Meerdere keren appte ik terug dat ik te druk was.

Dat het een smoes was wisten we allebei. Ze stelde voor om naar mij te komen, het hoefde niet langer dan twee uurtjes te duren. Ook de weekenden waren ineens een optie.

Ik zei haar te appen zodra ik tijd had.

'Als er iets is kun je het altijd tegen me zeggen, hè,' zei ze.

Ik loog dat er niks was, ik was gewoon heel erg druk.

Mijn therapeut had grote ogen opgezet toen ik haar over het winterjasincident vertelde. Ik had haar nog veel meer willen vertellen, over Susans ouders, de opmerkingen van Jeroen, maar ze zei direct: 'Laat het doodbloeden, niks aan haar uitleggen.'

'Maar we zijn tweeëntwintig jaar bevriend,' probeerde ik nog.

'Dood laten bloeden.'

Na een halfjaar stond Susan op mijn voicemail met een stem alsof er iemand was overleden. Of ik haar wilde terugbellen, ze had gedroomd dat ik de vriendschap wilde opzeggen.

We kletsten geforceerd over koetjes en kalfjes. Ze feliciteerde me voor de tweede keer, eerder al per app, met de zeventigste verjaardag van mijn vader.

'Dank je,' zei ik. 'Hoe oud is die van jou?'

'Vierenzestig.'

'Ah, echt jong nog,' zei ik. 'Fijn.'

'Ja, inderdaad, fijn,' zei ze. En toen: 'Maar Steefje, wat doen we? Heb je zin om nog eens af te spreken binnenkort?'

Ik inhaleerde diep, hoorbaar ook, en zei: 'Ik vind het heel vervelend om te zeggen, Suus, maar ik denk dat we een beetje te veel uit elkaar zijn gegroeid.'

'Ik dacht al dat je niet meer wilde,' zei ze en ze barstte in een onbedaarlijk snikken uit. Met grote uithalen zei ze dat ze een van haar beste vriendinnen kwijtraakte. Ik toonde plichtmatig medeleven. Ik hoopte vooral dat mijn agressie hierna over zou zijn; ik had mezelf van hen afgepakt.

Haar ouders zouden zeggen: 'We hebben het je altijd al gezegd, het is een heel apart meisje.'

Twee jaar later mailde Susan me. Ze wilde me na zo veel jaar vriendschap, een vriendschap die heel belangrijk voor haar was geweest, ze begreep eigenlijk steeds minder waarom die voorbij was, toch nog even laten weten dat haar derde kind was geboren: Ziggy.

'Mocht je er ooit behoefte aan hebben,' schreef ze, 'dan ben ik er voor je.'

## 2

# Onafhankelijk damesdispuut
# Sneeuwwitteke

Ik weet nog precies wat ik aanhad op de eerste kennismakingsborrel. Welke trui ik aanhad, welk rokje. Wekenlang had ik het gastenboek van het dispuut bestudeerd. Obsessief op zoek naar nieuwe informatie. Om de zoveel dagen ging ik weer door hun fotogalerij heen van lustrumreizen, kerstdiners en dispuutavonden. Was het echt gezellig of leek het maar zo? Konden dit vriendinnen worden of niet? En waarom hadden ze zo'n idiote dispuutsnaam?

Sneeuwwitteke was me aangeraden door twee mannen die bij een herendispuut in Maastricht zaten, die ik via via kende. Ze vonden het een uitzonderlijk leuk damesdispuut.

'Er zit één meisje bij dat zo ongelofelijk knap is,' zei de een. 'Ella. Als ze langer was geweest was ze een wereldberoemd fotomodel.'

'En ze heeft humor,' zei de ander.

Ik had mannen nooit eerder horen praten over grappige vrouwen. Ik bekeek ook websites van andere damesdisputen, maar niks trok me na die aanprijzing zo sterk als Sneeuwwitteke. Op de meeste gastenboeken van dispuutwebsites stonden korte berichtjes als 'Was supergezellig gisteravond! X' of 'Poeh, behoorlijke kater. Succes iedereen met college vandaag!' Bij Sneeuwwitteke leek het alsof niemand besefte dat buitenstaanders mee konden lezen.

'Fröbeltje, ben je wel voorzichtig na je nacht met die baardaap? Straks moet je een ooglapje,' stond er, en daarboven een bericht van iemand die zich uitgaf voor Fröbeltje: 'Ben vandaag simulatiepatiënt voor gynaecologisch onderzoek.'

Om de hoek bij de kroeg wachtte ik tot mijn hartslag iets gedaald was. Ik wist niet hoe druk het binnen zou zijn. En wie ik moest aanklampen als ze mij niet direct zagen.

Ik duwde de twee zware roodfluwelen gordijnen bij de deur opzij.

'Hé, kom je voor de borrel?' vroeg een van de vrouwen die ik van de website herkende. De kroeg was op hen na leeg. Iemand nam mijn jas aan en hing hem onder de bar aan een haakje. Een ander vroeg of ik een biertje wilde.

Ze stopten waar ze mee bezig waren en kwamen tegelijkertijd met zijn allen om me heen staan. Negen vrouwen in een blauwe dispuutstrui.

'Hoe heet je?' vroegen er twee tegelijk. Ik was het nieuwe kind in de klas. Ze wilden weten of ik al lang in Maastricht woonde, waar precies, en wat ik studeerde.

'Ik doe de lerarenopleiding Nederlands,' zei ik. 'Tweede jaar.'

Niemand van hen deed de lerarenopleiding. Het was allemaal marketing, geneeskunde, hotelschool en rechten. Ze kwamen uit Arnhem, Eindhoven, Zutphen, Deventer, Baflo. Alleen Colette kwam uit Maastricht.

Ella was er niet, zou ze geen lid meer zijn?

Ze leken te beseffen dat ze wel erg nieuwsgierig om me heen stonden, sommigen deden een paar passen achteruit en lieten Marleen en Colette bij me achter.

Marleen stond met haar billen naar achteren, waardoor ze een holling in haar rug kreeg. Ze had een diep kuiltje in haar volle wangen, en was kinderlijk nieuwsgierig. Was dit mijn eerste borrel vanavond, wilde ze weten. En toen ik ja zei, knikte ze hard met haar hoofd om de onschuld van haar vraag kracht bij te zetten.

'En ga je nog naar meer borrels?'

Ik had me niet voorbereid om te bluffen en sprak de waarheid: zij waren de enigen. 'En heel misschien dat ik nog naar Exprezzo ga overmorgen.' (Voor de namen hoefde je het allemaal niet te doen.)

Ik vroeg of ze compleet waren vanavond. Marleen schudde haar hoofd, Ella kwam zo, die werkte in een restaurant hier vlakbij, en er waren nog drie leden die een halfjaar in het buitenland studeerden.

Ella kwam de kroeg binnen. Ze deed theatraal het deurgordijn om haar gezicht, één been erdoorheen zoals in het variététheater, en riep: 'Jaaaaa! Meiden! Hebben we er weer twintig leuke, vlotte meiden bij?'

En toen ze mij zag: 'O, we hebben echt beet.'

Ze kwam meteen op me af. 'Wat leuk!' zei ze. 'Sorry dat het hier zo'n ingedutte boel is.' Ze wees met haar hoofd naar de rest van het dispuut, dat in drie kleine kletsgroepjes was verdeeld.

Aan de barmannen vroeg ze of de muziek harder mocht, ze bestelde bier voor haar en mij, en voegde zich bij Marleen en Colette. Er ontstond direct een betere sfeer.

Ella, het fotomodel. Ze had een strakke kaaklijn, ogen die ver uit elkaar stonden en volle lippen. Ze was rank, een kop kleiner dan ik, en haar blonde haar zat slordig nadat ze haar blauwe dispuutstrui over een strak wit T-shirt aantrok.

Ze kreeg vast veel fooi.

Colette en Marleen lieten ons samen praten. Ik vertelde Ella dat ik van haar bestaan had gehoord door een man van een herendispuut.

Ze dacht even na. 'O, is dat die gast met die...' Ze tokkelde op haar wang om acne uit te beelden.

'Ja, die,' zei ik.

'Ik ben verder niet gefixeerd op uiterlijk of zo,' lachte ze enigszins beschaamd.

Alex kwam erbij staan. Haar dispuutstrui hing net als bij Ella flodderig om haar bovenlichaam.

'Zwiebel! Heb je je haar geknipt?' zei Ella. 'Mooi! Je ziet er ouder uit zo. Nou, nee, niet ouder: oud. Je ziet er oud uit.' Ze lachte aanstekelijk om haar eigen grap.

Ik vroeg zo neutraal mogelijk wie de naam Sneeuwwitteke had bedacht.

'Een oud-lid met een steek los,' zei Ella. 'Vind je hem mooi? Ja, dat dacht ik wel.'

Ik had gelachen met vriendinnen op de middelbare school, met vriendinnen van thuis, op de lerarenopleiding, maar dat was toch vooral om situaties. De scherpe humor van Ella was nieuw voor me. Een openbaring.

Ella had mijn nummer gevraagd en zei me te sms'en voor de volgende kennismakingsborrel. Ineens leek het allemaal zo dichtbij; een leuk leven vol vrienden. Op woensdag- en donderdagavonden zag je overal groepen mannen en vrouwen in hun dispuutstruien door de stad lopen, op weg naar kroegen waar ze elkaar met het grootste gemak aanspraken, versierden. Het leven leek me een eitje in groepsverband.

Twee dagen later ging ik bij Expreszo kijken om er zeker van te zijn dat ik bij Sneeuwwitteke wilde. Maar de vrouwen van Expreszo waren óók leuk. Heel anders. En bij hen waren er twee vrouwen die net als ik pas in de tweede helft van het studiejaar hadden besloten om bij een dispuut te gaan.

Expreszo had me direct na de eerste kennismakingsavond gebeld om te vragen of ik A-tijd bij hen wilde lopen. Ella belde me na de tweede borrel. 'We vinden je een aanwinst, nu al, en je past supergoed in de groep.'

Bij Expreszo zouden we met zijn drieën de aspirantentijd doorlopen, bij Sneeuwwitteke zou ik in mijn eentje zijn. Van Expreszo wist ik dat ze voornamelijk lief waren. Van Sneeuwwitteke wist ik dat ze vooral humor hadden. Of ze lief waren betwijfelde ik. En ik had wel behoefte aan lief. Maar ook aan humor.

Mijn drieënzeventigjarige lerares Frans van wie ik elke week privéles had, zag dat ik serieus worstelde met de keuze tussen twee disputen en zei: 'Kies de moeilijkste weg.'

Woensdagavond was dispuutavond, ik moest om zes uur aanwezig zijn. De eerste opdracht was om zo precies mogelijk een miniatuur-Sneeuwwitteke te maken van materialen uit een hobbywinkel en een blauw jurkje dat over mijn winterjas kon.

Ik belde mijn moeder: 'Als ik de materialen koop, wil jij het dan alsjeblieft in elkaar naaien?'

Op de eerste avond moest ik me bij Jennifer van de aspirantencommissie (de A-cie) melden, gekleed in mijn blauwe jurkje, een hobbezak. Mijn moeder had haar best gedaan. Het miniatuur-Sneeuwwitteke was bijzonder mooi geworden. 'Zelf gemaakt?' vroegen ze argwanend. Ik knikte en bad dat ik niks ter plekke hoefde te naaien in de komende weken.

Ik liep geblinddoekt en met hulp van twee leden de trap af naar de kelder.

Ik hoopte niet dat ze me naakt wilden zien. En als dat wel het geval was hoopte ik dat ik weigerde.

'Doe de blinddoek maar af,' zei Jennifer.

Alle tien leden waren aanwezig. Ze stonden in een rij van vier aan weerszijden, naast hen waxinelichtjes. Jennifer stond achter een altaar waarop drie kaarsen flakkerden, het bleken leden op stage in het buitenland.

Iedereen keek me aan. Het gekke was: ik was niet onder de indruk. Ik had erg tegen de avond opgezien, maar nu ik er was ging het wel.

Er volgde een ceremonie waarbij ik iedereen bij naam moest noemen. Inclusief de drie kaarsen.

Na al die foto's die ik de afgelopen weken had bekeken was het een doodsimpele opdracht. Ik had zelfs de opleidingen en leeftijden kunnen opnoemen, als het had gemoeten. De meesten waren een jaar ouder dan ik: tweeëntwintig. Ella drieëntwintig.

Jennifer knikte. 'Vanaf nu spreek je iedereen aan met mevrouw plus achternaam, geen voornamen meer.'

Ze legden me plechtig uit dat ik de opdrachten heel serieus moest nemen, dat ze aan de hand daarvan bepaalden of ik het waard was om toegelaten te worden en gaven me de A-bijbel, waarin niet alleen over elk lid een stukje stond, maar ook alle regels. 'Leer alles uit je hoofd.'

Ik had een sollicitatiebrief moeten schrijven en moest hem ter plekke toelichten. Waaruit bleek dat ik mijn mannetje kon staan, was een van de vragen. Tja, waaruit bleek dat? Was het feit dat ik in mijn eentje een aspirantentijd aanging geen goed voorbeeld? Sommige mensen durfden niet eens te singelen met tennis, ze speelden enkel in teamverband.

Ze keurden mijn antwoord goed. Wat me te denken gaf over hoe erg het was om het enige A-lid te

45

zijn. Er volgde een ceremonie waarbij ik met een bedenkelijk ritueel gekroond werd tot aspirant-dwerg en op mijn knieën moest zitten om alles wat ze vroegen te beloven. Ik had een lach op mijn gezicht, want voor zulke grappige vrouwen leek me dit toch net iets te veel op een klucht.

Ze deden een belachelijke yell, dronken een glaasje Schrobbelèr en bevalen mij dat ook te doen.

We vertrokken naar de kroeg en in de kroeg werd niet ontgroend. Bier mocht ik niet, maar deze eerste avond zagen ze die regel door de vingers. Marleen fluisterde in mijn oor dat niemand alle namen uit zijn hoofd kende op de eerste avond, en zeker niet van drie kaarsen. 'Echt zo goed, niet normaal.'

De eerste avond zat erop.

Tussentijds liep ik stage op een vmbo-school in Sittard, waar ik Timo, Kayleigh en Sophie in het gareel moest zien te houden. Het was gedoe om drie dagen per week met de trein van Maastricht naar Sittard op en neer te gaan, maar ik was tegelijkertijd blij dat de kans dat leerlingen me in een blauwe hobbezak troffen, met Sneeuwwitteke om mijn nek, klein was.

De woensdagavond daarop moest ik naar het huis van Ella komen. Iedere dispuutavond moest de aspirant-dwerg de boodschappen doen en koken, de A-cie gaf aan waar ze zin in hadden. 'Aan de bereiding geeft de aspirant-dwerg een eigen draai,' las ik in de A-bijbel.

Ik moest zorgen dat ik al gegeten had. Het was een

krap tijdschema met mijn lessen in Sittard, de trein naar Maastricht, boodschappen doen voor tien man, me omkleden in dwergtenue, en naar dispuutavond. En tegenzin, de hele dag.

Ella's huis lag aan de markt, schuin tegenover het stadhuis. Ze had een riante studentenkamer met een groot tweepersoonsbed dat als bank fungeerde. Marleen riep met haar hand voor haar mond uit dat Ella's dekbed onder de spermavlekken zat. 'Jij bent zo smerig, Ella, varkens zijn nog schoner!'

'Is allang ingetrokken,' lachte Ella, geen schaamte te bekennen. Ik was onder de indruk van hoe ze met elkaar omgingen. Het kwam dicht in de buurt van zusterschap.

Alex woonde in hetzelfde huis als Ella, naast hun kamers woonde een jongen van een herendispuut. Aan het eind van de gang lag een kale keuken met uitzicht op het stadhuis. Ik zou veel tijd doorbrengen in die keuken, die naar verschaald bier en putlucht rook.

De opdracht voor vanavond was me per mail medegedeeld: schrijf je levensverhaal op in minimaal tweeduizend woorden. Alex, de stilste van het gezelschap, pakte mijn A4 af en zei dat ik het uit mijn hoofd moest voordragen, zij gaf aanzetjes.

Ik vertelde dat ik bij kledingzaak Mexx had gewerkt, waar ik samen met een mannelijke collega een wedstrijd deed wie de meeste tijgerhemden verkocht. Dat alle mannen zeiden dat zo'n hemd niks voor hen was en ik dan standaard zei: 'Doe het toch maar eens

47

aan, want je bent wel iemand die het kan hebben.' En dat ze daarna allemaal tevreden in de spiegel keken en het meenamen. Allemaal. Dat ik in die winkel veel mensenkennis had opgedaan. Marleen moet het voor zich hebben gezien, want ze schaterde het uit. 'Meedogenloos!'

Ik vertelde over mijn eerste liefde, dat we een schooljaar lang ruzie hadden gemaakt, maar elkaar in de zomervakantie hadden besprongen, vanuit het niets, als twee magneten, zo sterk. Bij de preciezere details stroomden de tranen bij Marleen en Ella over de wangen.

Was dit een ontgroening? Ik had het ontzettend naar mijn zin. Drie kwartier lang stond ik te vertellen. Ook over Debbie van mijn opleiding, die met haar Limburgse accent van iedere -s een -sj maakte. Slecht werd sjlecht. Sloom werd sjloom. De docent had haar in de les erop aangesproken, of ze erop wilde letten, ze stond per slot van rekening voor de klas. Ze knikte van ja, en zei toen we buiten het lokaal stonden tegen mij: 'Had je gehoord wat die Dijksjtra zei? Wat een mongool.'

Voor Ella was de anekdote aanleiding om nog meer de draak met het Limburgs te steken. Wat ze al deed, nadat Colette over haar vakantie in Brazilië op Facebook had geschreven: 'Höllige Maria ut is heij werrum.' Ella, die uit Deventer kwam, probeerde het zo goed mogelijk na te doen en riep bij zowat alles: 'Jong, sjeij 'ns oet!' Als ze er maar lang genoeg mee doorging, kreeg ze vanzelf de slappe lach. Als enige. Het maakte haar niks uit, ze was haar eigen vermaak.

De eerste tegenslag kwam toen ik moest gaan koken. De A-cie had om andijviestamppot gevraagd. In deze sfeer dacht ik wel te kunnen vragen of zij wisten hoelang aardappelen moesten koken, ik had het thuis opgezocht maar was het vergeten.

'Stéphanie, kom op zeg,' zei Ella. 'Doe even een beetje zelfstandig.'

Ik schrok van de omslag.

Ik kende één gerecht en dat was paella van Knorr. Als vriendinnen kwamen eten wisten ze wat ze kregen.

Ik zette water op en schilde de aardappels met een bot mesje.

'Is het al klaar?' riep Colette vanuit Ella's kamer.

'Nog niet!' riep ik terug. Het water kookte nog niet eens.

'Stéphanie, kom eens hier,' zei Ella.

Ik liep naar haar kamer.

Ella zei dat ik nooit mocht roepen vanuit de keuken, als ik iets wilde zeggen moest ik naar ze toe lopen. 'Begrijp jij wat we zeggen?' Ze deed de toon van een kleuterjuf na.

'Ik begrijp het.'

'Neehee,' zei Ella. 'Blijkbaar niet.'

'Ik begrijp het, mevrouw Rozeman.'

'En nu ingerukt,' zei ze met iets van spot. Een paar grinnikten.

Ik zette de kookwekker op twintig minuten, en bakte tien worsten in boter. Kans om de kookwekker af te laten gaan kreeg ik niet, ze riepen dat ze per direct hun eten wilden. Wat waren dit voor gekken? Wie dreef er nu een kok tot ongare aardappelen?

Ik bleef rustig, liep de kamer in om te zeggen dat de aardappelen nog vijftien minuten nodig hadden. Gezeur van Colette. 'Ik heb honger!'

Ik goot er een flinke scheut melk bij, klontje boter, advies van de buurjongen die iets uit de gezamenlijke ijskast kwam pakken, en prakte de boel met de stamper. De andijvie ging er rauw doorheen. Ik bracht de boel op smaak met een kilo zout. Dat was de eigen draai die ik eraan gaf.

Het was stressvol, maar ik had er toch mooi een gerecht bij dat ik voortaan aan vriendinnen kon presenteren. Mijn zelfstandigheid ging met rasse schreden vooruit.

De meesten lieten een groot deel liggen, niemand complimenteerde me met wat ik had gekookt. Sterker nog: Colette zei dat ze het niet 'te stiften' vond.

Na het eten moest ik alles afruimen en afwassen. Om tien uur gingen we naar hun stamkroeg waar ze lid van waren, samen met drie heren- en twee vrouwendisputen. Januari was niet de tijd waarop veel mensen besloten om bij een dispuut te gaan; ik was het enige A-lid in deze kroeg.

'Je gaat pas naar huis als de laatste van ons naar huis gaat,' zei Jennifer.


De eerste avonden waren meegevallen. Ik moest vervelende klusjes doen, maar het kon erger. Om drie uur lag ik in bed.

Voor de volgende woensdag moest ik leren pokeren, mailde de A-cie.

Ik probeerde het me eigen te maken, maar ik begreep er werkelijk niets van. De dag voor de pokeravond – Sneeuwwitteke had een date met een herendispuut – kreeg ik van Jennifer de opdracht om een
cadeau te maken voor een van de leden, die een halfjaar naar Londen vertrok.

Het mocht geen geld kosten.

Ik printte foto's van haar uit van de website en
knipte een zijkant van een papieren zak af met het
handvat eraan, zodat ze het aan een spijkertje kon
ophangen aan de muur. Ik verwachtte hoe dan ook
kritiek, omdat dat was hoe het ging in de A-tijd, was
me verteld. 'Ze keuren alles af, zelfs als het goed is.'
Maar de ontvanger zei alleen maar: 'Jeetje, wat heb je
dit leuk gedaan. Dit ga ik serieus ophangen, wat een
mooie collage!'

Ik had me onnodig druk gemaakt, ook over het
pokeren, want het enige wat ik hoefde te doen was
fiches uitdelen. Dat ging net. En ik moest de hele
avond bier halen voor iedereen. Ook voor het herendispuut.

Als de ontgroening zo doorging, kon ik binnen de
kortste keren gaan opscheppen. Ja, het was zwaar geweest, maar ach, je was er eigenlijk ook zo doorheen.

We waren vier weken verder. Tussen de woensda-
gen door kreeg ik af en toe een vriendelijk sms'je van
Marleen of Ella. Marleen had gezegd dat ze me eigen-

lijk niet mocht sms'en, dus dat we het een beetje voor ons moesten houden. Ella sms'te wat ze wilde, over geheimhouding zei ze niks.

'Trek je het nog een beetje, Stevo?' sms'te ze. Of: 'Morgen mag je je om 18.00 uur bij Lena-Kiki melden, oud-lid van ons. Weet je haar adres? Anders ga ik even research doen.'

Lena-Kiki. Ging die zich er ook mee bemoeien?

Het oud-lid deed hartelijk de deur open. Ze had kort haar met een gladgestreken pony naar één kant. 'Kom binnen!'

De rest van het dispuut zat al op de grote hoek-bank van Leen, zoals iedereen haar noemde. Leen had een open keuken, er was geen moment van af-zondering mogelijk. Op het menu stond pasta met to-matensaus, gehakt en groente. Meerdere keren nam Lena-Kiki mijn pollepel over en liet zien hoe zij roer-de. Of erger: ze deed haar hand om mijn hand om voor te doen hoe je door de saus roerde. Ze speelde een moeder, wat misschien wel de ergste vorm van ontgroening was. 'En wat ik altijd doe,' zei ze. 'Ik giet er altijd een scheut rode wijn doorheen zodat de saus een volle, ronde, romige smaak krijgt.' En dan weer samen door die pan roeren.

Aan geen enkel lid had ik zo snel een hekel gekre-gen, het was gewoon knap.

Ik had om halfzes nog niet genoeg honger gehad voor meer dan één boterham en nu liep het water me in de mond.

Ze overhoorden regels uit de A-bijbel. Mijn maag knorde erdoorheen.

'Regel acht?' vroeg iemand. 'En stop met dat geknor.'

'Regel acht,' herhaalde ik. Ik had er niet heel goed op gestudeerd, omdat ik het zonde vond om zulke duffe regels een plek in mijn brein te laten innemen.

'Positief opbouwend eigen initiatief wordt ten zeerste gewaardeerd,' zei ik.

'En wat nog meer?'

En wat nog meer. Ik wist het niet.

'Heb je ze wel geleerd?' vroeg iemand.

Ik knikte. Het was zonde dat ik me hiermee irritatie op de hals haalde.

'Jezus, Stéphanie,' zei Ella. 'Weet je hoe belangrijk die regels zijn?'

Ik wist dat ze het niet meende en toch werd de sfeer minder leuk.

Ik stond er onbeholpen bij, armen moesten langs het lichaam. Zij aten een heerlijk bord pasta. Sommigen lieten een deel liggen. Hoe durfden ze.

Ik moest beloven de regels de volgende woensdag feilloos uit mijn hoofd te kennen.

'Je hebt wel de gedichten geschreven voor iedereen, toch?' vroeg Ella.

De gedichten! Mijn hemel. Die opdracht hadden ze me vanochtend gemaild, ik was hem vergeten.

'Ik ben ze thuis vergeten,' zei ik. Ik hoopte uiteraard dat ze me nu niet naar huis lieten fietsen. Op liegen stonden zware sancties.

Ze keken elkaar aan. Stilzwijgend overleg over wat ze met me gingen doen.

'Fiets maar naar huis dan,' zei Colette.

Ik vroeg me af of het me zou lukken om er negen te schrijven binnen een halfuur.

'Maar zorg dat je binnen vijfentwintig minuten weer terug bent. We draaien een zandloper om.'

Ze waren natuurlijk niet op hun achterhoofd gevallen.

'Ik ben ze vergeten.'

'Vergeten van thuis mee te nemen,' zei Ella.

'Vergeten te maken ook.'

'Stéphanie,' zei een ander. 'Kun jij artikel 4 uit het reglement nog eens herhalen?'

'U bent te allen tijde eerlijk tegenover uw meerderen.'

'En houd jij je aan regel 4?'

'Nee.'

'Nee, mevrouw Bijl!'

'Nee, mevrouw Bijl,' herhaalde ik.

Ella vroeg of ik naar haar wilde kijken. 'Zie je stoom uit mijn oren komen, Stéphanie?'

Het was knap dat ze zelfs met grappen gezag bleef houden.

Ze zeiden dat ze een zware straf voor me zouden bedenken, voor het feit dat ik de gedichten niet had gemaakt en erger: dat ik had gelogen.

Ik ruimde de tafel af en deed de afwas. Wat kon een sanctie zijn? Ik was als de dood dat ze me voor lul zouden zetten in de kroeg, iets waar mannen bij waren.

In plaats van dat we de markt overstaken, liepen we naar het stadspark Onze Lieve Vrouwewal, waar vijf kanonnen voor stonden. Er was vrijwel niemand rond dit tijdstip, het was donker en het miezerde. Geen idee wat ze voor me in petto hadden. Ze gingen in een horizontale lijn voor me staan.

Ze wilden alle regels uit de A-bijbel horen. Voor elke regel die ik niet kende stond fysieke inspanning. Ik kende geen enkele regel vlekkeloos.

'Druk je maar dertig keer op,' zei Ella.

Als ze niet zo zouden overdrijven zou het meer indruk maken, dit was bij voorbaat onmogelijk. Dertig keer.

Mijn handen zakten in het natte gras, alles was vies. Mijn haar viel voor mijn gezicht als ik me opdrukte, het Sneeuwwitteke-popje hing voor mijn gezicht, het ging allemaal voor geen meter. Ik had geen kracht om me op te drukken, nog nooit gedaan, ik ergerde me aan mijn natte haar dat aan mijn wangen plakte. Zij droegen capuchons, sommigen hadden hun dispuutstrui om hun hoofd geknoopt.

Een uur lang lieten ze me de trap op rennen bij de brug, over de kanonnen klimmen als een soort hordelopen, waarna Ella vroeg of het eleganter kon, me weer opdrukken, rennen, en het ergste: ik moest de trap van de brug op rennen en via de reling naar beneden glijden. Ze lachten gesmoord toen ik naar beneden kwam. Ik droeg een dikke winterjas, een blauwe jurk eroverheen, Sneeuwwitteke hing op mijn rug, en ik kwam als een dikke prop naar hen toe gegleden.

Vaste regel voor ieder lid was dat je pas om twee uur naar huis mocht. De meesten gingen om tien over twee naar huis, de mensen met een relatie. Alex en Jennifer bleven. Ik mocht pas naar huis als de laatste naar huis ging, de ergste verplichting van de A-tijd.

Door Alex en Jennifer ging ik pas om halfvier naar huis. Om zeven uur ging de wekker, dan moest ik met de trein naar stage, waar ik met man en macht gezag probeerde uit te stralen, ze moesten eens weten hoe hun lerares de avond ervoor van een trapleuning af gleed.

De woensdag erop zat iedereen druk te lachen en te kletsen toen ik binnenkwam. Lena-Kiki deed open en liep zonder veel te zeggen voor me uit naar Ella's kamer. Die vrouw had niks omhanden, ze was eenendertig. Niemand lachte om haar, niemand reageerde op haar, maar ze lieten haar het vuile werk doen.

'Nou, Stéphanie,' zei Lena-Kiki, die naast de anderen ging zitten. 'Vandaag heb je de gedichten bij je, klopt dat?'

Het klopte.

'Omdat je vorige week hebt gelogen tegen ons,' zei ze, 'hebben we een nieuwe neus voor je.' Ze hield een lange plastic carnavalsneus aan een touwtje omhoog. 'Deze mag jij vanaf nu iedere woensdag dragen. We willen dat je hem al ophebt als je naar ons toe komt.'

Nu werd het menens. Ik zag mezelf al doodgaan van schaamte als ik daarmee naar de kroeg moest. Of in mijn eentje op de fiets.

'Zet hem maar op.'

Dit werd een trauma. Ik deed het elastiek achter mijn oren. De neus rook naar zolder, naar ingetrokken adem van, waarschijnlijk, Lena-Kiki, de geur van iemand van wie de neusamandelen eens goed geknipt moesten worden.

Marleen lachte hard. Ik kon me voorstellen hoe grappig het eruitzag.

'Höllige Maria!' zei Ella.

'Je boft dat je zo'n mooie penisneus mag dragen.' Blootstelling aan de humor van Kaka-Kiki was een straf op zichzelf.

De gedichten moest ik voordragen als zij aten, eerst koken. Wortelstamppot hadden ze gevraagd.

'En deze keer met minder zout,' zei Ella. 'We hebben nog steeds een sokafdruk in onze enkels van de vorige keer.'

Ik liep naar de keuken, die ongezellige keuken, maar ik werd tenminste niet op mijn vingers gekeken. Er stonden opgestapelde bierkratten en onder het aanrecht lag een gigantische papieren Suitsupply-tas, met daarin lege flessen. Iemand was te lui geweest om die weg te brengen. Weer schilde ik aardappels met een bot mesje, weer die aardappels koken op gevoel, weer die gortdroge stukken prakken met veel kracht, dan proberen wortel en ui er gelijkmatig doorheen te prakken. Je kreeg van minder een tennisarm.

Rond zes uur was het al een halfuur donker en liepen de laatste mensen met winkeltassen over de markt. Voor mijn gevoel keek iedere passant omhoog de keuken in naar de persoon met de carnavalsneus.

De buurjongen van Ella kwam de keuken in, en zei: 'O jee. Ze hebben je flink toegetakeld.'

Ik lachte beschaamd.

De buurjongen bleef onverminderd vriendelijk en vroeg wat er vandaag op het menu stond. Ik durfde hem niet aan te kijken toen ik zei dat ik wortelstamppot moest maken.

'Weet jij wat het lekker maakt?' vroeg ik nasaal.

'Hierboven op het rekje vind je specerijen,' zei hij.

Hij was erg aardig, alsof hij zich schuldig voelde dat deze ontgroening gedeeltelijk in zijn huis gebeurde.

'Als je iets nodig hebt, klop je maar op mijn deur.'

Toen ik omhoogkeek om kerrie en kruidnagel te zoeken – ik ging het eens flink op smaak brengen – liep er water uit de neus over mijn gezicht. Het was condens van mijn adem. Ik walgde van dat ding, ik deed het af, bekeek de touwtjes en zag dat er een scheurtje zat in het rechtergaatje waar het elastiek doorheen ging. In een opwelling rukte ik het kapot.

Ik liep naar de kamer, klopte op de deur.

'Binnen!'

De groep was stil.

Ella zat naast Marleen op de bank en wilde een haar weghalen bij haar decolleté, maar die bleek vast te zitten.

'Au!' zei Marleen.

Ella lachte met haar mond wijd open. 'Haal hem weg, ik word er onpasselijk van.'

Colette zei: 'Sssst!'

En toen ze doorgingen met lachen: 'Jongens, kap even!'

'Mijn neus is stuk,' zei ik. Ik toonde het gaatje in het plastic dat gescheurd was. Over de consequenties dacht ik niet na, ik wilde zo'n goor ding niet op mijn gezicht.

'Dat is niet best,' zei Lena-Kiki. 'Dan moet je hem maar om je middel hangen. Kom eens hier.' Ze trok zich naar me toe als een moeder die de jas van haar kind gaat dichtritsen.

Ze knoopte behendig het elastiek los, vroeg Ella of ze een lintje had, en bond het om mijn middel. De neus bungelde nu voor mijn kruis.

Marleen liep weer vuurrood aan.

'Zo,' zei Lena-Kiki. 'Nu heb je een penis!'

In de kroeg hielden Alex en Jennifer het tot halfzes vol. Waar ze precies plezier mee hadden wist ik niet. Ja, ik zag ze kletsen met mannen, maar er gebeurde niks. Het was zo tergend saai. Ze waren de minst leuke vrouwen van het dispuut, vrouwen zonder gezag, en omdat ze geen gezag hadden gingen ze zich nu laten gelden door zo lang mogelijk te blijven. Zij bepaalden wanneer ik naar huis ging.

Ik was zo chagrijnig van verveling en moeheid dat ik met geen mogelijkheid meer kon lachen. Soms deed iemand in het voorbijgaan mijn mondhoeken met zijn vingers omhoog, altijd mannen, die wilde ik in elkaar slaan. Ik haatte Alex, ik haatte Jennifer.

Geef het op, dacht ik. Jullie krijgen niemand mee. Er valt hier niks te halen. Wegwezen. Jullie worden er niet aantrekkelijker op met zo weinig slaap.

Toen ze zeiden dat ze naar huis gingen, kon ik geen boe of bah meer zeggen.

'Tot volgende week, Stéphanie,' zeiden ze. 'Slaap lekker en succes op je stage.'

'Ja,' zei ik.

De woensdag daarop keken ze allemaal heel streng toen ik binnenkwam. Als ik oog in oog met ze stond vond ik ze gek genoeg minder bedreigend dan de dagen waarop ik ze niet zag. Het voelde alsof ze in afwezigheid meer met me bezig waren, plannen beraamden.

'Stéphanie, hoe vond je het vorige week woensdag?' vroeg Ella.

'Leuk,' zei ik.

'Wat vond je zo leuk?'

'Ik vond het leuk om voor jullie te koken, om te zien dat jullie plezier hebben met elkaar.'

'We hebben geen plezier met elkaar, we zijn jou aan het opvoeden, een helse klus.'

De rest grinnikte.

'En er is ons ter ore gekomen dat je met een lang gezicht in de kroeg stond. Klopt dat?'

Ik zei dat ik moe was en al vroeg naar stage moest. Ella zei dat ze daar geen boodschap aan hadden. 'Je blijft vanavond net zo lang als de laatste van ons en we willen dat je straalt!'

Terwijl zij mijn pasta aten – ik had er drie blikken tonijn doorheen gegooid en drie potten kappertjes – las ik de gedichten voor.

Over Ella zei ik: 'Uw kaaklijn is zo mooi, zo strak, en toch is uw humor niet vlak.'

Over Alex schreef ik dat haar intellect haar van een modellencarrière had weerhouden. Maar dan op rijm. Over Lena-Kiki schreef ik: 'Onze Leen is met die korte, gladgestreken pony haar tijd ver vooruit, ook heeft ze een glanzende huid.' Ik loog dat het gedrukt stond, maar dat maakte Hara-Kiri niks uit. Ze zei: 'Volgens mij is de nieuwe Goethe opgestaan.'

Als je mensen maar complimenten gaf, dan was elk gedicht mooi.

Na de gedichten wilden ze dat ik iedereen, alle negen leden, nadeed met dansen. Dat kwam goed uit, want na vijf weken wist ik precies hoe iedereen er in de kroeg bij stond.

Ik deed Alex na, die alleen haar handen bewoog en van het linker- op het rechterbeen deinde. Treffend, vonden ze het. 'Niet normaal,' lachte Marleen, die altijd een hand voor haar mond hield als ze moest lachen. Ella danste enkel ironisch, ze klapte vaak boven haar hoofd in haar handen als een salsadanser en wisselde het af door vanaf haar voeten met haar handen langs haar benen naar boven te gaan, tot aan haar borsten.

Ella zei dat ze absoluut niet zo achterlijk danste, maar volgens de anderen had het niet accurater gekund.

Zo was iedereen voor even op mijn hand.

Toch was de eerste opwinding van de A-tijd eraf, ik had geen zin meer om me zo slaafs op te stellen, geen zin meer in de stress van boodschappen doen voor negen man, koken, afruimen, ja mevrouw, nee mevrouw, lelijk in de kroeg staan, de haren langs mijn smalle gezicht. Ik was drie kilo kwijt. Ik had zo veel zin om mee te lachen met Marleens verhalen over haar schoonmoeder, die op vakantie al om vier uur van het strand af moest om om acht uur aan tafel te kunnen zitten met geföhnd haar. En dan Ella die in de kroeg alles uit de kast haalde om ons aan het lachen te krijgen. Ze deed onvoorstelbare dingen.

Ze hadden me verzocht het weekend vrij te houden. Van vrijdagmiddag tot en met zondagavond. Ik was gedeprimeerd. Ik deed niks anders dan slapen, als ik uit stage kwam ging ik eerst twee uur naar bed. Als ik wakker was voelde het alsof ik terugkwam van een intercontinentale vlucht.

Op dinsdagavond kreeg ik een mail dat ik voor woensdagochtend acht uur fruithagelslag moest sorteren op kleur. Ik begon eraan terwijl ik televisiekeek, het leek me in eerste instantie een aardig klusje, totdat ik de onmogelijkheid ervan ontdekte. Na een halfuur had ik nog amper iets waarmee je de punt van een boterhamzakje opvulde.

'Ga lekker naar bed,' zei mijn moeder. 'Slaap is veel belangrijker.'

'Ze bellen me vannacht met een nieuwe opdracht,' zei ik. 'Ik moet mijn telefoon aan laten staan.'

Woensdag moest ik de hele dag tot hun beschikking staan.

'Bel mij maar als ze je hebben gebeld,' zei ze, 'dan denk ik met je mee.'

Om vijf uur 's nachts belde Jennifer. 'We willen dat je een taart bakt.'

'Oké,' zei ik.

Ze corrigeerde me niet.

'Om acht uur bel je bij mij aan en lever je de taart af en de fruithagelslag.'

Ik belde mijn moeder.

'Ik moet een taart bakken.' Ik zuchtte diep. 'Ik heb niets in huis om een taart te bakken. En die fruithagelslag heb ik niet af.'

'Heb je pasta in huis?' vroeg ze slaperig. 'Nou, dan kook je pasta, dat giet je af, dan zet je een glas in het midden van een pan, zodat je zo'n cakevorm maakt, en dan gooi je de pasta daaromheen.'

'En de fruithagelslag?'

'Die gooi je over de pasta.'

Ze gingen woedend worden.

'Doe het maar op die manier,' zei ze. 'Je kunt beter nog twee uur slapen.'

Ik volgde alles op wat mijn moeder had gezegd, stond pas om zeven uur op, kookte pasta, en gooide er het hele pak fruithagelslag overheen. Het werd één grote gekleurde brij.

In mijn blauwe jurkje, met de neus om mijn middel, belde ik bij Jennifer aan.

'Hoi,' zei ik. 'Hier is de taart.'

Ik gaf haar de pan met een stuk aluminiumfolie eroverheen.

'Dank,' zei ze, ze keek me verwachtingsvol aan. 'En waar is de fruithagelslag die je moest sorteren?'

Ik tilde het aluminium op. 'Daar heb ik de cake mee versierd.'

Aan de manier waarop haar ogen de boel scanden zag ik dat ze nadacht over een weerwoord.

'Is dit serieus je cake?' vroeg ze.

Zo veel brutaliteit had ze nog nooit bij een A-lid gezien.

'Ja!' zei ik met gespeelde opgewektheid. Alsof ik erachter stond.

'Wow. Dus begrijp ik goed dat je geen fruithagel hebt gesorteerd?'

'Klopt.'

'Oké,' zei ze, met iets in haar stem wat verried dat ze niet kon wachten dit aan de anderen te vertellen. 'Nou,' zei ze toen. 'Kom maar even binnen, ik schmink even je gezicht blauw.'

Ik slikte. Zou ik over straat moeten met een blauw gezicht? Kon ik het weigeren? Was dit omdat ik die taart had verknald? Of hoorde dit erbij?

Ze schminkte me hardhandig met een sponsje. Ik rook haar ochtendadem.

In je eentje met een blauw gezicht over straat. Erger kon niet.

Toen ze klaar was zei ze: 'Je gaat naar Den Bosch om een Bossche bol te kopen bij de bekendste Bosschebollenwinkel. Het is nu tien over acht. Om stipt één uur ben je hier weer terug.'

In een studentenstad als Maastricht kon iedereen wel raden waarom je er zo idioot bij liep, maar in steden als Sittard, Roermond, Weert, Eindhoven en Den Bosch was ik aan de goden overgeleverd.

Misschien kon ik mijn moeder bellen of ze me in de auto erheen wilde rijden. En dan kon zij die Bossche bol kopen.

Alsof Jennifer mijn gedachten kon lezen zei ze: 'Het treinkaartje moet je bewaren als bewijs, en het moet door de conducteur afgestempeld zijn.'

Met lood in mijn schoenen ging ik thuis naar de wc en keek in de spiegel naar de ramp. Ik moest niet te lang naar mezelf kijken, want dan zouden de tranen me in de ogen springen.

Bij het instappen hadden passagiers me meelijwekkend aangekeken. En omdat ik voor gek stond hadden ze ook geen enkele terughoudendheid meer: ze keken zo lang als ze wilden. Eerst naar mijn gezicht, en dan vanzelf naar dat ding dat voor mijn kruis bungelde.

Sms van Jennifer. 'Voor vanavond moet je een nieuw dispuutslied maken. De melodie bepaal je zelf, mag op een bestaand lied. Schrijf er een tekst op.'

Ik wist niet waar ik de creativiteit vandaan moest halen.

Mijn moeder belde. 'Dag Stefke, hoe is het vanochtend gegaan?'

'Ik heb blauwe schmink op.'

'Blauwe schmink? Op je gezicht?'

'Hm-m,' zei ik. 'En vanavond krijg ik een sanctie voor die fruithagelslag.'

'Zijn ze er boos over?'

'Hm-m. Jij wilt dat zeker niet doen, hè?'

'Die hagelslag sorteren?'

'Ja.'

Ze zuchtte diep. 'Wat een flauwekul, schandalig.'

'Drie kleine zakjes met een begin zou fijn zijn.'

'En hoe breng ik dat dan naar jou? Zal ik het op het station aan je geven als je langs Sittard komt?'

'Gaat niet.' Ik slikte.

'Waarom niet?'

'Gaat niet,' zei ik weer. 'Als ik je zie –'

Ik keek strak uit het raam, er mocht geen traan over mijn schmink lopen.

'Dan moet je huilen.' Ze zuchtte geïrriteerd. Het werd langzaamaan ook háár ontgroening.

Ze zei er hooguit een uur aan te gaan zitten en de zakjes bij mij in de brievenbus te doen.


Ik was al in Weert en er was geen melodie in me opgekomen. Ik dacht aan liedjes van Borsato, maar wist geen tekst die ik op het refrein van 'De meeste dromen zijn bedrog' kon zingen.

Er schoot een melodie van een kinderserie te binnen, een serie uit mijn jeugd, toen Kindernet nog bestond. *Nathalie*. De oorspronkelijke tekst herinnerde ik me vaag. 'Daarginds boven de bergen, staat een oude boerderij,' daarna wist ik het niet meer, en dan kwam het refrein van 'Nathalie, Nathalie'.

Op die naam zou ik 'Sneeuwwitteke, Sneeuwwitteke' zingen.

Intussen werd ik bij elk station aangestaard door nieuwe passagiers.

Toen ik in Den Bosch uitstapte begon de nieuwe schaamte. Iedereen keek, mensen stootten elkaar aan, maar ja, dacht ik na een paar meter, en dan?

Voor de Bosschebollenzaak stond een rij. Als ze mensen met een blauw gezicht maar wilden helpen.

In de trein terug dacht ik na over een tekst voor de melodie van *Nathalie*, maar ik kon alleen maar 'Sneeuwwitteke, Sneeuwwitteke, wat een club' bedenken.

Vlak voordat ik in Maastricht aankwam kreeg ik een sms van Jennifer: dat ik een wegwerpcamera moest kopen en daarmee mezelf voor allerlei winkels moest fotograferen, waarbij de eerste letters van die winkels in precies de goede volgorde op het rolletje de naam Sneeuwwitteke moesten vormen. Dertien winkels dus. Dertien winkels waarbij ik voorbijgangers zou moeten aanspreken om me op de foto te zetten. Ze kenden geen mededogen.

Ik sms'te een vriendin of ze tijd had om me te helpen.

'Natuurlijk,' stuurde ze terug, en toen ze me zag zei ze: 'O Steefje, wat zie je er ongelukkig uit.'

Mijn moeder sms'te dat ze nog bezig was met de hagelslag. 'Wat een kutwerk.'

Ik bracht de camera naar de Hema om de foto's te laten ontwikkelen, en wachtte thuis tot ik ze kon ophalen. Met moeite at ik een half broodje kaas.

Ik haalde de foto's op, fietste door naar Ella's huis. Bij een opgebroken straat stapte ik af en keek bij de benedenwoningen naar binnen. Een stel van mijn leeftijd lag vervlochten in elkaar op de bank, ze keken naar RTL Boulevard. Ik werd overmand door jaloezie. Was ik maar die vrouw op de bank.

Als ik hier ooit mee klaar was ging ik elke dag genieten van simpele dingen. Een kop thee, een avond voor de tv, boodschappen doen voor één persoon, een hamburger van McDonald's, een verblijf in een kuuroord met zwembad.

Jennifer deed open en zei me geen gedag. Uit de kamer van Ella klonken vrolijke stemmen, gelach. Totdat ik binnenkwam, toen waren ze stil. Hun gezichten geloofwaardig chagrijnig.

'Stéphanie,' begon Ella. 'Hoe ging het vandaag?'

'Goed,' zei ik.

Iedereen was muisstil.

'Wat ging er goed?'

Ik vertelde dat ik een Bossche bol had gehaald en een dispuutslied had geschreven. Dat ik de naam Sneeuwwitteke had gespeld aan de hand van winkelnamen en de foto's had ontwikkeld.

'Geef de foto's maar,' zei Ella.

Wanneer zouden ze over de hagelslag beginnen?

Ik haalde het mapje uit mijn jaszak. Ella bekeek de foto's en vroeg me Sneeuwwitteke te spellen.

Ik spelde het met dubbel k en één w, een rare fout.

'Misschien had je onze naam moeten opschrijven voordat je aan deze opdracht begon.'

Ella zei dat ze hier niks aan hadden en gooide het mapje in één beweging, alsof ze erop had geoefend, uit het open raam. Op de binnenplaats hoorde je het vallen.

Colette riep wat ik hier nog deed. 'Ga de keuken in dan! Sta er niet zo passief als een zoutzak bij!'

Je had twee soorten leden: leden die met humor konden ontgroenen, wat indruk maakte, en leden die niet grappig waren, en daarom schreeuwden. Dat laatste deed niet veel, het was grotesk. De leden die verstoken waren van humor begrepen ook niet dat een berisping erger was als je ook af en toe een compliment maakte.

'Nee, wacht even,' zei Jennifer. Ze begon aan de preek waar ze sinds acht uur die ochtend naar had uitgekeken. Ze zei tegen de anderen, terwijl ze mij aankeek: 'En je had gekleurde hagelslag moeten sorteren.'

Ik knikte.

'Die had je over een bak pasta gegooid.'

'Klopt, mevrouw Van der Poel.'

'Dus je hebt de hagelslag niet gesorteerd,' zei ze.

'Jawel, mevrouw Van der Poel.' Mijn moeder zou de zakjes in de brievenbus leggen. Ik bad dat ze het niet vergeten was. Of nog bezig was.

'Je hebt het wel gedaan?' zei ze kalm, met hoorbaar plezier om me in de val te laten lopen. 'Je hebt wél de hagelslag gesorteerd?'

'Ja,' zei ik.

'Waarom gaf je die vanochtend dan niet?'

'Omdat ik het niet af had.'

'Heb je het bij je?'

'Nee,' zei ik. 'Ik heb het thuis laten liggen.'

Ella zuchtte. 'Jezus, Stéphanie. Wees eens duidelijk. Heb je nu wel of niet de hagelslag gesorteerd?'

'Wel, mevrouw Rozeman,' zei ik.

Iedereen was stil.

'Ga maar halen dan,' zei Ella. 'En zorg dat je binnen twintig minuten terug bent. Als je niet binnen twintig minuten terug bent mag je een teentje rauwe knoflook eten.'

Ik fietste als een bezetene naar huis, tranen in mijn ogen van de kou.

Ik bad dat mijn moeder de zakjes al in de brievenbus had gelegd.

Ze lagen er. Drie zakjes met een behoorlijke inhoud. Hier moest ze meer dan een uur aan hebben gezeten. Misschien wel drie, vier uur.

Ze wisten niet wat ze gingen meemaken.

Ik stond weer voor de groep. Uit mijn jaszak haalde ik de zakjes en ik hield ze omhoog.

Ze waren stil. Ze wisten wat een onbegonnen werk dit was.

Jennifer nam de zakjes van me over en bekeek ze aandachtig. 'Wanneer heb je dit gedaan?'

Ze gaf de zakjes door aan Colette en die weer aan

Ella, een voor een lieten ze ze door hun handen gaan.

'Vannacht,' zei ik.

'En waarom heb je dit dan vanochtend niet meegebracht?'

'Omdat ik het niet af had en ook iets voor over de taart wilde bewaren.'

Het was een raadsel voor ze.

Ze geboden me om aan het eerste gerecht te beginnen.

Ik kon hun gesmiespel tot in de keuken horen. Colette zei dat ze dacht dat iemand me had geholpen. 'Ja,' zei een ander. 'Ze kan dit nooit alleen hebben gedaan.'

'Misschien,' zei Jennifer. 'Maar welke gek krijg je zover?'

Ik kookte pasta en bakte grote plakken aubergine aan. In een andere pan maakte ik tomatensaus met kruidenboter erdoorheen. Ik bestrooide alles met kaas en zette het in de oven.

'In de trein naar Den Bosch heb je een lied geschreven. Op welke melodie ga je dat zo meteen ten gehore brengen?' vroeg Jennifer.

'Op de melodie van *Nathalie*, een serie uit mijn jeugd.'

Ella maakte een minachtende keelklank. 'De melodie van wat?'

Iedereen lachte.

'Oké,' zei Jennifer, een twinkeling in haar ogen. 'Laat maar horen dan.'

Dit werd een ramp. Waarom had ik niet harder nagedacht over bekende meezingers? Was er echt niks anders in me opgekomen?

'Sneeuwwitteke, Sneeuwwitteke, wat een club,' zong ik.

Alex moest voor het eerst hardop lachen.

Marleen was al aan het lachen vanaf dat ik 'Nathalie' had gezegd en lag nu dubbelgevouwen.

Ze kreeg een por van Colette. Colette lachte nooit ergens om.

Ella deed me na en blèrde 'Sneeuwwitteke, Sneeuwwitteke!' terwijl ze met een vlakke hand onder haar kin sloeg om het geluid van een geit na te bootsen.

Jennifer gebood me om het opnieuw te zingen uit volle borst en zonder schroom.

Ik deed echt mijn best.

'Stop alsjeblieft,' zei Ella. 'Je maakt jezelf onsterfelijk belachelijk.'

Ze vroegen me buiten op de trap te zitten. Het was zes graden. Ik maakte me druk over de foto's die ze op de binnenplaats had gesmeten. Ik hoopte dat ze niet in verkeerde handen terechtkwamen.

Ik zat er een kwartier toen Ella naar me toe kwam, voor me op de trap hurkte, en voor het eerst met een zekere ernst zei dat ik echt beter mijn best moest doen. Ik wist wel dat het allemaal spel was, maar dit leek ze toch te menen.

Alex vroeg me het glas in de keuken weg te brengen. Ze wees naar de papieren tas van Suitsupply.

Ik had een blauw gezicht, een jurkje met vlekken aan over mijn donsjas, de plastic neus bungelde onder mijn jas, en nu moest ik over straat met die ongekend grote tas.

Het glas maakte veel kabaal. Bij elke stap die ik zette ketsten de lege flessen tegen elkaar aan.

De glasbak lag aan het einde van de straat, af en toe moest ik de zak van mijn schouder halen en op de grond laten rusten.

Bij de vierde keer dat ik de zak van mijn schouder wilde tillen, scheurde de hele boel van onderen open.

Ik keek mismoedig toe hoe de flessen alle kanten uit rolden. Zeker een minuut stond ik versteend naar de ravage te kijken. Niemand snelde naar me toe.

Er waren passanten, maar die liepen door. Als ik alles stuk voor stuk naar de glasbak zou moeten brengen, was ik het komende uur zoet. En hoever ging ik me laten vernederen?

Ik keek nog een keer om me heen, of iemand op me lette, en besloot het hier te laten liggen. Het was fout, een middelvinger naar het milieu, een vreemde ging hiervoor opdraaien, maar het zou iemand zijn die geen blauw gezicht had, die normale kleding droeg, en geen neus voor zijn kruis had hangen. Diegene zou niet zo veel bekijks hebben en ook geen sanctie krijgen.

De volgende ochtend kreeg ik van Ella een sms. 'Hou je nog een beetje van me?'

De A-cie mailde me een lijst met spullen die ik moest aanschaffen voor het weekend. Ik had tot halfzeven in de kroeg gestaan, ze hadden hun best gedaan zo lang mogelijk te blijven. Ik had nog één avond om me voor te bereiden.

Ik nam de trein naar mijn ouders en ging daar in bed liggen.

'Het is een spel van die lui, die kijken alleen of je er iets voor overhebt,' zei mijn vader.

'Het voelt niet als een spel,' zei ik.

'Het ís een spel!'

Mijn moeder zei dat ze het geen leuk spel vond. 'Kinderachtige opdrachten.' Vanuit mijn sterfbed gaf ik de lijst aan mijn vader met de vraag of hij naar de winkel wilde gaan, mijn moeder moest naar haar koor.

Hij leunde met zijn rug tegen de muur en las hardop voor wat ik moest meenemen.

'Een bord karton, zwarte viltstift, touw, een megafoon, zwarte vuilniszak, badmuts.' De lijst leek oneindig. Ik kreeg akelige fantasieën van alles wat ze vroegen, zag mezelf langs de kant van de weg staan met een bord en een plaatsnaam erop.

Onder aan de lijst stond 'reutelfleut'.

'Weet je wat dat is?' vroeg mijn vader. 'Dat is een verzinsel, ze willen dat je daar zelf iets bij bedenkt.'

Drie uur later kwam hij terug.

'Ik ben zestig euro lichter door die shit.'

Ik stak met mijn ogen dicht een duim op.

Hij haalde een klysma uit een Kruidvat-tasje en zei: 'Weet je wat dit is?'

Ik opende één oog.

'Als je dit in je fleut steekt, komt er een hele reutel uit.'

Ik was te moe om te lachen.

Vrijdagmiddag om vijf uur werd ik op station Maastricht verwacht. Ik was als de dood dat we naar een of ander treurig vakantiehuis in een afgelegen dorp zouden gaan, alle oud-leden aanwezig.

Ik stond met mijn rug naar de Bruna. Naarmate de tijd verstreek schoof ik steeds iets dichter naar de Bruna toe, tot ik tussen de ansichtkaarten verstopt was. Veilig en geborgen. Als ik een bekende tegenkwam kon ik altijd doen alsof ik een mooie kaart uitzocht.

Om zes uur stond ik nog steeds tussen de rekken. Als ik had geweten dat ze me zo lang gingen laten staan, had ik thuis nog een uur kunnen slapen.

Om halfzeven kwamen Jennifer en Colette me halen. Chagrijnige blikken. Jennifer zei dat ik achter hen aan moest lopen. Wat moest het heerlijk zijn voor hen, samen het a-lid ophalen. Continu blij zijn dat je zelf niet meer dit soort vernederingen hoefde te doorstaan.

Ik keek naar de x-benen van Jennifer, ze had een normaal postuur en toch kwamen haar bovenbenen tegen elkaar aan zoals bij mensen met overgewicht. Haar knieën leken van gummi, als ze liep leken ze een dans om elkaar heen te maken. Colette had een mooi loopje. Ze liep kordaat en zelfverzekerd zonder er moeite voor te hoeven doen. Dit was haar stad. Haar ouders woonden vlakbij, ze zou hier voor altijd blijven.

Ik begon te vermoeden dat we naar het huis van Ella liepen. Zouden we vanuit daar naar een andere plek gaan?

De bestemming bleek het huis van Ella. Als ik een heel weekend met een blauw gezicht rondliep was het veel minder erg om dat in een vreemd dorp te doen.

'Ga koken,' zei Colette. 'Opschieten, we hebben honger.'

Houd je kop, dacht ik. Met je dorpsmentaliteit.

'Ja, mevrouw Kooy.'

Ik liep naar de keuken. Vijf gangen. Koken was waarschijnlijk het minst erge wat ik dit weekend moest doen.

Dat zij dit toelieten, dat een A-lid voor ze kookte. Daar begreep ik niks van. Ik hing er met mijn losse haren boven en ik was woedend. Het was alsof je zonder argwaan een kok die je net had geschoffeerd liet koken.

'Opschieten!' riep iemand vanuit Ella's kamer. 'We hebben honger.'

Ik was nog geen vijf minuten bezig. Ik had vier aardappels geschild.

Ik liet het erbij en gooide de hele zak met schil en al in de pan.

Vanaf toen was het inschatten wanneer er twintig minuten voorbij waren.

Ik keek naar de mensen op de markt. Mensen met haast, zonder haast, lachend, stellen die samen een weekend weg waren in deze stad, te zien aan de hoeveelheid papieren tassen.

Ze liepen zorgeloos met hun liefde door een nieuwe stad, gaven geld uit aan dure spullen, de tassen dropten ze op hun warme hotelkamer, ze gingen in bad, uit eten. Misschien wisten ze dat ze het goed hadden, maar dan nog steeds wisten ze niet hoe goed.

'Stéphanie! Kun je komen?' riep Jennifer.

Ik liep de kamer van Ella in.

'Kun je ons vertellen wat je allemaal gaat maken?'

Bij alles wat ik vertelde braken ze in om te vragen hoe ik het precies ging opdekken. Irritant om te denken dat dat grappig was.

'En wat drinken we erbij?' vroeg Colette.

Omdat het budget op was had ik blikken Schultenbräu van de Aldi gehaald.

'Zie je ons als een stel zwervers of zo?' vroeg ze. En toen ik geen antwoord gaf riep ze: 'Nou? Sta daar niet zo.'

Ik zei dat de zalm voor het hoofdgerecht duur was.

Ella riep: 'Ach, een échte vrouw drinkt Schultenbräu!'

Bij het uitserveren moest ik steeds vertellen wat ze gingen eten.

'We willen dat je opgewekt vertelt,' zei er een. En als ik dan uitlegde wat ze aten, zei een ander weer: 'Nog opgewekter!'

Ze kregen eerst erwtensoep met worst. In de supermarkt had ik een kant-en-klaarpakket gekocht. Als eigen draai wilde ik er spek doorheen doen, maar ik kreeg het met geen mogelijkheid knapperig in de pan, het bleef doorzichtig vet. Omdat Colette weer begon te gillen dat ze honger hadden gooide ik de doorzichtige spekjes in de soep.

'Wat zijn dit voor snotjes?' vroeg Colette.

'Stéphanie, jij hebt toch niet je neus staan snuiten boven onze soep?' vroeg Ella.

Als hoofdgerecht kregen ze een zalmmoot op een bedje van puree, overal kwam kritiek op.

Voor mij hadden ze restjes bewaard. Ik had in de verste verte geen honger.

'Maar we gooien ook geen eten weg, dus hoe wil je dat precies oplossen?'

Dit was het moment waarop ik ging weigeren, als ze me dwongen om verder te eten.

'Stéphanie, je kunt het opeten, of je zet alles op je hoofd en trekt er een badmuts overheen. Wat wil je?'

Ik keek ze aan. Zij keken terug.

Er hing een akelige spanning in de kamer.

'Hallo?' vroeg iemand. En ze zwaaide voor mijn gezicht. Het leek alsof ik hier al een halfuur stond.

'Ik eet het niet meer,' zei ik.

'Dan pak je de badmuts maar.'

Ik was er gelaten onder.

In de badkamer, onder de douche, smeerde ik de erwtensoep en de zalm in mijn haar, de doorzichtige badmuts eroverheen.

78

Telkens als ik langsliep wapperden ze met hun hand voor hun neus.

'Je stinkt, ga alsjeblieft weg,' zei Colette.

Ik was benieuwd of ze me lieten slapen.

Ik zat op de gang op een stoel. Uitzicht op de badkamer. In de kamer van Ella werden matrassen tegen elkaar aan gelegd. Ze gingen om de beurt hun make-up eraf halen in de badkamer. Ik rook Nivea, tandpasta, pyjama's die naar waspoeder roken. Als ze eruit kwamen durfden ze me niet aan te kijken. Een-op-een durfde niemand iets.

Nog geen halfuur later leken ze al te slapen.

Ik moest ieder uur, klokslag, Jennifer en Colette wakker maken om te horen welke opdracht ik moest doen.

Mijn telefoon had ik ingeleverd. Ze zeiden dat ik op de ovenklok kon zien hoe laat het was.

Het eerste uur moest ik vijf regels voor de A-bijbel erbij verzinnen.

Het tweede uur moest ik honderd punten opschrijven waar ik dankbaar voor was. Met veel moeite bedacht ik er twintig.

Ik werd wakker van het knikkebollen van mijn hoofd. Het lag bijna op mijn knieën. Op de gang klonk alleen licht het geluid van het gezoem van de lamp, uit de keuken kwam af en toe een niet te onderscheiden getik.

Ik liep naar de keuken. 02.41 uur. Over mijn gezicht liep continu een druppel uit mijn badmuts. Het rook zuur, naar braaksel, met een vleugje worst.

Ik veegde het steeds met mijn mouwen af. Ik dacht aan mensen die het slechter hadden, maar kon niemand bedenken.

Ik keek een tijd uit het keukenraam. Er was niemand. Alles was grijs.

Bij mijn slapen was de smurrie een beetje verhard, het werd een korst.

Nog twintig minuten tot ik weer iemand moest wakker maken. De hele nacht wakker blijven. Dachten ze echt dat dat mogelijk was?

Om 03.00 uur maakte ik Colette wakker. 'Huh, wat?' zei ze eerst, en toen: 'Je moet iedereen natekenen.' Voordat ik kon vragen of het enkel om de negen leden ging, sliep ze weer.

Ik ging op de stoel zitten en maakte zo snel als ik kon een simpel portret van ieder lid, zodat ik de resterende tijd weer kon knikkebollen. Ik raakte in een soort trance van dromen vermengd met realiteit, het gesnurk van een van de leden, het felle ganglicht, de smurrie die vooral rechts uit de badmuts over mijn gezicht droop. Ik rilde van moeheid.

Om zes uur zag ik dronken studenten over de markt fietsen. Om halfacht werd het licht.

Niemand zei iets tegen me toen ze wakker werden. Ze liepen naar de wc, ze douchten, de een ging buiten een sigaret roken, maar niemand zei iets, alleen

Colette had al die harde nasale stem.

Ik had er een vreemd avontuur op zitten in mijn eentje. Om 02.41 uur dacht ik het niet te overleven, en een uur later zat de nacht er gevoelsmatig op.

Ik maakte havermout voor iedereen, met fruit erop. 'Precies zoals je het in een ontbijtzaak zou krijgen,' was de instructie.

Ik kreeg havermout met zout en peper.

Om twaalf uur moest ik in het gareel staan.

In een moment van onoplettendheid pakte ik mijn telefoon van de kast en deed hem in mijn jaszak. Mijn moeheid verdrong mijn angst.

We liepen naar het huis van Lena-Kiki. Haar man was er deze keer bij, hij zat achter zijn laptop te werken, maar liet zich continu afleiden. Ik vond het heel vervelend dat hij me zo zag. Ik haatte ze allemaal omdat ze een pottenkijker toelieten. Het druppelen van de erwtensoep was gestopt. De geur was misselijkmakend.

Ik vroeg wat ze wilden drinken. 'Cappuccino,' zei Colette, 'en ga alsjeblieft weg, je meurt echt verschrikkelijk.'

Ella zei: 'Voor mij een spa rood met een citroentje en een stampertje.'

De man van Lena-Kiki lachte.

Ik moest de tekeningen laten zien van vannacht. Ella vroeg waarom ze geen wenkbrauwen had.

'Die heeft u wel, maar ze zijn blond, dus ik heb een geel potlood gebruikt.'

'Stéphanie, zo zou ik eruitzien als ik iets onder de leden had.'

Om het portret van Alex moest iedereen lachen. Haar gezicht was zo misvormd, zo pinnig getekend, dat ze zich blauw lachten. Het was zo mislukt, zo onvoorstelbaar lelijk, dat ook ik de slappe lach kreeg. Ik kon niet meer stoppen. Het gaf me even al mijn levensvreugde terug. Zo hard moesten we lachen.

Toen ze zich hadden herpakt moest ik de andere opdrachten laten zien. Vooral Colette en Jennifer schreeuwden tegen me. Of ik soms had geslapen, riepen ze, dat ik zo weinig af had. Als ik in hun buurt kwam zeiden ze dat ik stonk. Er werd alleen nog in harde bevelen gesproken. Weer moest ik voor iedereen koken. En weer was het allemaal niet goed.

Ze zeiden dat ze komende woensdag een gerecht van Ottolenghi wilden eten. Ik voelde aan alles dat dit het einde was.

'We willen je reutelfleut zien,' zei iemand.

Ik liep naar mijn tas en kwam terug met het klysma.

'Wat is dat?' vroeg Lena-Kiki.

'Een reutelfleut,' zei ik. 'Als je deze in je fleut steekt komt er een hele reutel uit.'

Marleen viel uit haar rol, ze was vuurrood, de aderen in haar nek waren opgezet van het ingehouden lachen.

Ze kreeg een por van Colette.

Het plezier van Marleen hield me op de been.

Ik hield nog een lullepot over het verband tussen theïne en sprinkhanen, waarbij ik een verhaal afstak over sprinkhanen die met hun geslacht in de theebladeren hingen, en deed het voor door met die plastic neus om mijn middel te zwaaien.

Marleen kreeg opnieuw een por.

Daarna zeiden ze dat ik uit hun ogen moest verdwijnen, naar de zolder van Lena-Kiki. Die gaf me een emmer met een sopje mee.

'Ik kom straks kijken of alles schoon is, de vensterbanken, de vloer en het bureau.'

Ja, oprotten met die lelijke pony van je, het is goed met je.

Ik haalde mijn telefoon uit mijn zak en zette hem aan.

Er kwamen verschillende sms'jes binnen, ik sms'te iedereen rustig terug. Als een gegijzelde die de kans kreeg om te zeggen dat alles goed was en het niet lang meer zou duren.


Toen ze me kwamen halen stonden ze in precies dezelfde opstelling als op de eerste avond. De gordijnen waren dicht, de waxinelichtjes flakkerden. Er volgde een idioot ritueel waarbij ik op mijn knieën een eed aflegde. Ik beloofde trouw aan het dispuut, prevelde nog wat regels uit de bijbel en sloeg een Schrobbelèr achterover. Ze sloten af met hun weerzinwekkende yell. Jennifer gaf me een blauwe trui in een plastic verpakking, maat M.

'Ga eerst maar lekker douchen voordat je hem aantrekt.'

Ik was geïnaugureerd en was zielsgelukkig. Ik douchte me een halfuur lang in de douche van Lena-Kiki. Ik waste mijn haar drie keer met shampoo, nam conditioner en een haarmasker dat drie minuten moest intrekken. De geur bleef.

Ik mocht alles gebruiken, had ze gezegd, zoveel als ik wilde. Ik föhnde mijn haar, deed er heerlijk spul in, spoot parfum in de puntjes.

En toen die nieuwe trui. Ik haalde hem uit de verpakking en snoof eraan. Gloednieuw.

Beneden werd ik door iedereen gefeliciteerd. Ik wilde de kroeg in, tot zeven uur op stap, maar de rest was moe. Ze wilden naar bed. Ik had ze de indruk gegeven er fluitend doorheen te gaan, niet bang voor sancties van welke aard dan ook, ik was zo ongehoorzaam dat ze hadden overwogen om het weekend een week op te schuiven. Dat ik zei dat ik de laatste weken loodzwaar vond geloofden ze niet.

'En hoe zat dat nu met die fruithagelslag?' vroeg Colette. 'Had je hulp gekregen?'

Ze keken me nieuwsgierig aan.

'Nee,' zei ik. 'Gewoon urenlang met een pincet de hagelslag gesorteerd.'

Na één biertje was ik aangeschoten, iedereen ging naar huis.

Ik sms'te mijn moeder dat ik geïnaugureerd was.

'Ik dus ook!' stuurde ze terug.

Ik sms'te iedereen die had meegeleefd dat ik eindelijk lid was. Ik hoefde niet meer te haasten om stipt op tijd te komen, ik hoefde niet meer voor negen man te koken, af te wassen. De blauwe dispuutstrui deed ik aan om in te slapen. Nog vier nachten tot het woensdag was.

De ochtenden daarna was ik direct wakker bij de gedachte dat ik klaar was met de ontgroening, ik was geïnaugureerd, ik hoorde erbij. Snoozen hoefde niet meer, ik stond meteen naast mijn bed.

Negen vriendinnen had ik erbij. De meeste mensen kwamen niet verder dan drie. En ik had er negen boven op de vriendinnen die ik al had. Nooit meer stress of er wel genoeg mensen naar je verjaardag kwamen. De kamer zou in één klap gevuld zijn. Op zaterdagen en zondagen zou ik agenda-afspraken moeten gaan maken om de boel in goede banen te leiden.

Nog maar twee nachten tot het woensdag was.

Tegen een studiegenoot zei ik dat ik geïnaugureerd was.

Ze glimlachte. 'Wat fijn!'

Ze wist niet wat het echt betekende.

Ik was een volwaardig lid met een trui met op de achterkant ONAFHANKELIJK DAMESDISPUUT SNEEUWWITTEKE. Er was niemand op deze hele wereld die me ooit nog iets kon maken.

# 3

## Wat stoer van je

Ik ging in mijn eentje een week naar Palermo. Het was de opdracht van een vriendin: alleen met vakantie. *Exposure therapy*. Ze vindt dat ik te bang in het leven sta. De vriendin in kwestie, Silvia, is Siciliaans en durft bijna alles. Na acht jaar in Nederland te hebben gewoond, is ze in haar eentje naar Engeland geëmigreerd, alsof het niets is.

Waar ik tegen opzag, was het idee van iedere avond alleen in een restaurant eten. Daarom ging ik nooit.

'Wij vertellen niemand,' zei ze toen ik daadwerkelijk had geboekt.

Ik zei dat ik niet wist hoe ik het mijn vader moest vertellen.

'Ook hem vertellen we niet.'

Vier dagen voor vertrek vertelde ik het hem pas. Hij reageerde er bijzonder kalm op, het was bijna een belediging.

In het vliegtuig kwam ik erachter dat ik mijn rijbewijs op tafel had laten liggen. Tijdens mijn tussenstop in Rome belde ik Sunny Cars.

'Dat is niet erg,' zei de vrouw. 'Dan zet ik hem op naam van de bijrijder.'

Ik zei dat er geen bijrijder was.

'O,' zei ze. 'Dan heb ik slecht nieuws, ze gaan je die auto echt niet meegeven.'

Ik probeerde het als een teken van boven te zien.

Om de hoek van mijn B&B was een pleintje met meerdere restaurants. Toen ik om acht uur arriveerde moest ik direct mijn angst onder ogen zien: alleen uit eten. Ik deed alsof ik iemand aan de telefoon had en ijsbeerde langs de restaurants om te kijken waar ik me prettig zou voelen. Alle Italianen hadden het door, ze gebaarden allemaal dat ik bij hun restaurant moest komen eten.

Toen ik er eenmaal willekeurig een had gekozen en aan tafel zat, was de angst voorbij. Ik zat. Niemand keek. Ik at spaghetti vongole en dronk een glas rode wijn. Op rechts zaten twee Russische vriendinnen, ze hadden de slappe lach en ik benijdde ze niet eens.

De volgende dag liep ik vijfentwintig minuten naar een lunchzaak met 4,9 sterren op Google – langs een stuk snelweg waar het niet de bedoeling was om te lopen, te merken aan het getoeter van voorbijrazende auto's –, maar het restaurant bleek dicht. Ik vroeg me af na hoeveel dagen ik mezelf ging vergeven dat ik mijn rijbewijs had vergeten. Ik googelde een nieuw restaurant, een aan het water, opnieuw dertig minuten lopen, en belde om te vragen of ze ook echt open waren.

'The B&B or the restaurant?' vroeg de eigenaar.

Ik zei te willen lunchen.

'Uhm, sure,' antwoordde hij. 'How many persons?'

'One.'

'One? Okay.'

Ik had direct spijt. Waarschijnlijk was hij dicht, besloot hij door mijn telefoontje toch open te gaan, hoorde toen pas dat ik in mijn eentje zou komen, en had ook spijt. Iedereen spijt.

Opnieuw bellen om te zeggen dat ik niet meer kwam durfde ik niet, dus liep ik door en probeerde me niet te schamen.

Ik was de enige gast. De eigenaar herkende me als de persoon aan de telefoon, wees naar het enorme, onoverdekte terras en maakte een grapje dat er nog maar een paar tafels vrij waren.

'Am I the only person?' vroeg ik.

'No worries,' antwoordde hij.

Ik besloot buiten te gaan zitten met mijn gezicht naar de zee en de zon. Het was zesentwintig graden. De golven klotsten tegen de rotsen.

Hij zei: 'The sea is...'

'Wild,' vulde ik in. 'Angry,' zei hij tegelijkertijd. Ik vroeg me af wat die woorden over ons zeiden.

We vonden elkaar in onze visie op het coronabeleid. We hadden betere ideeën dan onze leiders. Hij vroeg of ik hier was voor werk. Ik zei van niet. Hij vroeg niet verder. Hij bracht een groot bord pasta en een Birra Moretti. Ondanks de lege, ongedekte tafels om me heen voelde ik me op mijn gemak. Hij ook: hij zei zijn zaak het komende uur te sluiten om een dutje te doen. Hij ging naast me liggen op een bedje in een zwembroek. Ik las de hele middag essays van Nora Ephron, het was alsof ik er met een vriendin zat.

Rond vijf uur werd de idylle verbroken. Er kwam een man binnen met vijf vrouwen, ze bestelden allemaal een Aperol Spritz. Ik rekende af.

De eigenaar vroeg hoe ik thuiskwam. Lopend, zei ik.

Hij floot naar de man tussen de vrouwen, Alessandro, een vriend van hem. Hij ging me thuisbrengen. Alessandro vond het een normaal verzoek. In acht minuten was ik thuis. Hij zei in gebrekkig Engels me morgen te willen halen voor het strand in Mondello, want waar ik zat was het niet zo mooi als bij het strand van zijn B&B. Ik vroeg hoeveel hij ervoor wilde hebben.

'No!' reageerde hij, bijna als een kind. 'No money.'

Ik belde Silvia om te vragen of deze gastvrijheid normaal was.

'Sì,' zei ze. 'In Italië wij zorgen een beetje voor elkaar. Het is geen kritiek, Steffi, maar in Nederland het is te goed geregeld.'

De volgende dag kwam Alessandro me halen en bracht me naar zijn B&B aan het strand. Hij gaf me de code van het hek, zodat ik altijd van het strand kon terugkeren en douchen op een kamer die vandaag nog vrij was, hij gaf me een bedje en een parasol mee zodat ik geen *tourist price* hoefde te betalen en zei dat ik hem moest appen wanneer ik naar huis wilde.

Vanaf mijn bedje aan de warme, heldere zee belde ik Silvia om te vragen of dit nog steeds normaal was.

'Is hij een beetje lekker?' vroeg ze.

'Hij is zestig,' zei ik.

'O! Misschien hij vindt jou een beetje zielig.'

Aan de andere kant van de lijn klonk het geluid van een sirene, haar lach.

Het was maar goed dat ik mezelf niet zielig vond, want ik kreeg berichten die het laatste zetje richting sneuheid hadden kunnen geven. Op Instagram reageerde een oud-studiegenoot op een vakantiefoto: 'Wat heerlijk daar! Met wie ben je?'

Ik antwoordde dat ik alleen was.

'Wat megastoer!!! Ik ben trots op jou.'

Ik dacht aan een vriend die laatst in zijn eentje naar de Alpen ging. Zouden zijn vrienden hem ook hebben geappt dat hij superstoer was? Een vriendin appte hetzelfde toen ik zei dat ik alleen was: 'Meen je niet!! Wat stoer van je! Ik ben trots!' Daarachteraan twee emoticons met hartjesogen. Ik ken trots alleen als het ook op mezelf afstraalt. Ik ben trots als ik een vriendin aan mensen voorstel en iedereen haar leuk vindt. Ik ben trots als een vriendin een goede column heeft geschreven en ik kan zeggen dat ik haar ken. Ik voel geen trots als een vriendin in haar eentje aan zee ligt.

Het alleen eten was alleen de eerste avond een drempel geweest. Zelfs toen ik de tweede avond in het midden van het restaurant werd gezet, als een soort theaterstuk voor de stelletjes om me heen, had ik de concentratie om een boek te lezen.

Op de derde avond kreeg ik van een oudere man, die met zijn verveelde vrouw aan tafel zat, een vaderlijke duim toen hij me alleen zag zitten en me gulzig van een glas rode wijn zag drinken. Ik denk niet dat hij me zielig vond, ik denk dat hij ook op het punt stond om alleen te reizen.

Ik kreeg veel en vaak hulp. Ook toen ik op klaarlichte dag op een verlaten perron stond en ik de enige man op het perron – die nota bene aan het bellen was – duidelijk maakte dat ik mijn kaartje was vergeten te stempelen. Ik ging naar Palermo. Hij gebaarde me het kaartje te geven, rende de trap af, rende onder de grond naar de overkant, de trap op naar het achterste deel van het perron – nog steeds bellend –, waar hij mijn kaartje in de machine duwde en weer met dezelfde snelheid terugrende naar mij. In Nederland zouden we naar de machine aan de overkant wijzen.

Op een van de middagen dat ik naar Mondello ging, nam ik een verkeerde bus terug naar huis. Ik had me thuis laten ophalen door Alessandro, maar vermoedde dat de regel van "bezoek en vis blijven drie dagen fris" ook voor halen en brengen gold. Ik stond ergens in een rustige woonwijk met nog maar 1 procent batterij, bij een bushalte zonder tijden op het bord. Ik kreeg een licht gevoel van paniek. Ik wist dat ik altijd ergens kon aanbellen als ik een taxi nodig had, maar ik wist ook dat ik dat pas zou doen bij echte paniek. Waardoor ik die lichte paniek kreeg.

Naast me reed een man de oprit af. Ik vroeg hoe laat de bus arriveerde. Hij lachte en zei dat je dat nooit wist op Sicilië. Hij keek op zijn telefoon, zei dat mijn B&B helaas niet op zijn route lag, om verderop in de straat te stoppen en te roepen: 'Come! I drop you!'

Toen ik dit verhaal later aan twee tennisgenoten zou vertellen, zeiden ze dat ze nooit bij een vreemde man in een auto zouden stappen, het kon een psychopaat zijn. Zelfs mijn vader was niet op dit verhaal aangeslagen, misschien omdat hij begrijpt dat de kans dat je zelf je psychopaat uitkiest op klaarlichte dag, in een stad waar zevenhonderdduizend mensen wonen, nihil is.

Ik belde Silvia. Ze hoorde aan mijn stem dat ik gelukkig was, ik vertelde haar hoe dankbaar ik was voor de lift naar huis. Hij had me zelfs uitgenodigd om naar zijn afstudeerborrel te komen diezelfde avond.

Ze zei: 'Goed, Steffi, je hebt jouw missie *accomplished* om jezelf een beetje kwetsbaar te laten zien. Jij bent niet alleen in deze wereld.'

Er was slechts één man van wie ik hulp had afgeslagen. Hij had me verteld waar ik een kaartje voor de bus kon kopen. In de bus. Daarna had hij op de stoel naast hem geklopt, als teken dat ik daar mocht zitten. Ik bleef staan. Hij was naar eigen zeggen de Italiaanse Tony Robbins. Of ik, in de paar minuten die we hadden, terug wilde gaan naar een vervelende jeugdherinnering, dan kon hij daar een analyse op loslaten. Toen ben ik van schrik in die woonwijk uitgestapt.

Wie zich ook over me ontfermde, was de vader van mijn B&B: Lorenzo. Lorenzo was vierenzeventig, gepensioneerd farmaceut, en de hele dag in de weer met een riek in de tuin met zwembad. Hij kwam me iedere ochtend bij het ontbijt groeten met zijn lage, zware stem: 'Ciao Stéphanie.' Daarna stak hij lachend zijn elleboog naar me toe, die ik aanraakte met de mijne. Dat was ons ritueel. Door onze beperkte communicatie schoten we steeds in de lach. Bij mijn vertrek later die week heeft hij me geknuffeld en gekust zoals mijn vader dat ook doet: de smak half op de wang, half op het oor, waardoor je zo'n pijnlijk schel geluid hoort. We hielden veel van elkaar.

De eigenaar van een restaurant waar ik drie keer at, in de zestig, spierwit haar, lief gezicht, omhelsde me ook al zo stevig toen ik zei dat het mijn laatste dag was en pakte mijn gezicht met twee handen vast om me een kus op mijn wang te geven. Ook met hem had ik geen woord gesproken, alleen gelachen uit ongemak. Er was een moment waarop ik dacht: op deze manier telt alleen reizen niet, ik ken hier te veel mensen.

Het ging me buitengewoon goed af, alleen met vakantie. Ik ondervond vijf voordelen:

1  Je kunt drie keer achterelkaar bij hetzelfde restaurant eten omdat je drie keer dezelfde pasta wilt bestellen, niemand die tegensputtert.
2  Er is niemand die direct na het hoofdgerecht zegt: 'Zullen we gaan?'

3  De hele gemeenschap staat klaar om je te helpen.
4  Je leest aanzienlijk meer dan normaal.
5  Je hebt geen irritaties, hooguit herinneringen aan irritaties.

Ooit ging ik met mijn ex een week naar Toscane. We werden nergens geholpen. Soms wilde iemand me helpen, maar zodra ze hem zagen stopte de hulp onmiddellijk. Hij had een heel vervelend hoofd, ik viel toen nog op karakter. Met hem erbij kwam het echt allemaal op onszelf aan. Of beter gezegd, op mij, want hij was iemand die problemen het liefst vanaf de zijlijn bekeek terwijl hij vloekte hoe slecht ik dingen had geregeld. Zo heb ik die vakantie de Italiaanse hotelreceptionist met de hand op mijn hart moeten vragen of we de overboeking van dertienhonderd euro in Nederland konden voltooien, omdat mijn creditcard door een misverstand geblokkeerd was, mijn ex (toen al zesentwintig en werkend) geen creditcard had (net zomin als een rijbewijs), en we allebei niet genoeg geld op onze bankrekening hadden staan. Vanuit een fauteuil in de lobby prevelde hij hoe dom hij me vond, terwijl ik naar een man keek die bijna moest huilen, te zien aan zijn onderlip, omdat hij zijn baas niet te pakken kreeg.

Uiteindelijk kwam het goed met de overboeking, de receptionist belde me twee dagen later om me duizendmaal te bedanken, waarna er op de achtergrond applaus klonk van zijn collega's.

Twee dagen voor vertrek arriveerde er een Vlaams stel in mijn B&B. Omdat ik vier bier in mijn ijskast had en ik er nog maar twee dagen zou zijn, bood ik ze direct bij aankomst een biertje aan. Ze kwamen uit West-Vlaanderen en waren moeilijk te verstaan. De man was erg direct. Hij had gedacht dat ik gretig op zoek was naar gezelschap, hij had zelfs gedacht dat ik de host was, zo happig vond hij mijn benadering. Dat zijn vriendin hem tegen zijn borst sloeg, benadrukte zijn directheid.

Ik zei dat ik bier overhad, meer moest hij er niet achter zoeken, en zei dat ik me opperbest vermaakte.

Was ik alleen aan het reizen?

'Ja,' zei ik. 'Je bent de eerste hier die dat vraagt.'

'Is dat dan speciaal of zo?' vroeg hij.

'De meeste mensen vinden het wel speciaal, ja.' Ik zei dit niet met trots, ik herhaalde slechts wat iedereen ervan leek te vinden.

Hij vond er niks speciaals aan. Misschien vonden alleen vrouwen dat, dacht ik.

De volgende ochtend vroeg het stel of het een leuk idee was om in de avond samen een aperitiefke te drinken.

'Ik red dat niet,' zei ik. Ik had geen zin om me aan te passen. Zoiets gaat heel snel.

Toen zei hij: 'Alleen reizen, 'k moest daar nog nie aan denken, é.'

# 4

## Wat kan hij wel

Ik was zevenentwintig, mijn verkering was net voorbij, en ik zocht iemand om een week mee in de zon te liggen. Liggen en lezen, een week nietsdoen, dat wilde ik. Maar met wie ga je op reis als je geen relatie hebt?

Er waren vriendinnen met wie ik het thuis erg goed kon vinden, maar dat bleek toch iets anders dan samen op reis gaan.

Ik was meegevraagd door een vriendin naar het vakantiehuis van haar ouders in Italië, die, doordat het haar terrein was, ook de invulling van de dagen besliste, en ook in de supermarkt bepaalde wat er wel of niet in het mandje kwam.

Ik had een vriendin in Spanje bezocht, met wie ik de eerste dagen verschrikkelijk had gelachen, maar die onzeker werd als ik rond vieren een dip had. 'Wat is er, Stef?' vroeg ze meerdere keren. 'Is er echt niks?'

Ik was met vier vriendinnen naar Frankrijk geweest, die het geen enkel probleem vonden om 's middags en 's avonds pannenkoeken te eten. Goedkoop en lekker, vonden ze. Net als pasta met tonijn in tomatensaus. En dan die besluiteloosheid als we een keer uit eten gingen! Minstens drie vergaderingen op verschillende plekken op straat gingen eraan vooraf.

Ik was een dispuutgenoot in Valencia gaan opzoeken, die geïrriteerd werd als ik haar badmat natmaakte en daardoor een hele ochtend zweeg.

Spanningen die op mij een onuitwisbare indruk achterlieten.

Er was een vriendin met wie ik wel eens een weekend wegging, waarna ik bij terugkomst dacht: wat was er nu echt leuk geweest?

En allemaal haalden ze een buitensporig groot plezier uit urenlang winkelen in een ander land.

Daarom dacht ik ineens aan Gijsbert, vriend van de familie, voor een week Aruba in de herfst. Van hem wist ik zeker dat hij goed was in een week luieren. Bovendien kon ik erg met hem lachen. Ik zou me zeker ook ergeren, maar toch ook veel lachen.


Alleen de vliegreis al was een beproeving, we zaten in het midden van een rij van vier stoelen. Gijsbert moest zijn benen volledig spreiden omdat hij ze nergens kwijt kon – hij is 1 meter 95 –, waardoor ik mijn beide benen naar links moest kantelen om hem die ruimte te geven. Acht uur lang.

Gijsbert las alle folders uit het stoffen voorvak en stopte die weer verfrommeld terug. Ik probeer in een vliegtuig zo min mogelijk aan te raken, Gijsbert niet. Geplastificeerde instructiekaarten, de knopjes aan de zijkant van de leuning, alles raakte hij aan. Soms scheurde hij een stukje van een tijdschrift af, schreef er iets op en stopte het vervolgens in zijn borst- of broekzak. Als hij opstond om naar de wc te gaan trok hij zich met zijn hele gewicht trillend op aan de hoofdsteun van de persoon voor hem, die iedere keer geïrriteerd omhoogkeek omdat hij dacht dat de stoel onder hem vandaan werd getrokken.

Het zijn kleine dingen die je niet voorziet als je denkt aan een week nietsdoen.

Gijsbert had negen boeken bij zich voor die week. Acht daarvan gingen over de Holocaust en een was van Eckhart Tolle over leven in het hier en nu.

Bij aankomst liepen we naar de autoverhuur. We hadden ons allebei als bestuurder opgegeven, ondanks het feit dat Gijsbert van zijn vader nooit in diens auto mocht rijden.

'Volgens zijn vader kan hij niet overweg met een automaat,' zei mijn vader, waarna hij lachte op een manier van: wat ze bij de familie Luyten wel niet allemaal verzinnen.

We kregen een witte jeep automaat. De man van de autoverhuur gaf me instructies over het dashboard, Gijsbert las verderop in kleermakerszit op een stoeprand allerlei felgekleurde folders. Zijn rugzak – tot aan de nek opgetrokken – nog om.

'Gijs, kom even kijken.'

Hij keek niet op. 'Wat is er, Stef?'

Alleen al de manier waarop hij mijn naam uitsprak: Stè-hèf.

Ik geneerde me tegenover de autoverhuurder, hij dacht waarschijnlijk dat ik in een slecht huwelijk zat.

99

Toen de man alles had uitgelegd kwam Gijsbert erbij staan en vroeg: 'Are there dangerous snakes here?'

'Je kunt Nederlands praten,' zei ik. Het werden acht loodzware dagen.

'Denkt u dat we gevaarlijke slangen tegen kunnen komen?'

De man stelde hem gerust, de kans was klein.

'Maar ook niet als we door het Arikok National Park lopen?'

De man zei weer van niet.

'O,' zei hij. Zijn schouders zakten.

Iedere houding van Gijsbert, iedere handeling, iedere intonatie, iedere blik weet ik juist te interpreteren. Ik wist precies waar die slangen voor stonden: hij wilde iets beleven.


We sliepen in een viersterrenhotel aan de kust, een totaalpakket met de vlucht en huurauto. Bij de receptie vroeg ik of de kamer aparte bedden had.

Gijsbert, tegen de receptionist: 'We zitten in een slechte fase van onze relatie.'

Een opmerking die ik even gênant als grappig vond.

Gijsbert heeft ooit op mij gebabysit, wat niet van lange duur was, omdat hij feestjes gaf voor vrienden, die ik moest opendoen omdat hij de bel niet hoorde. En hij las verschrikkelijk slecht voor. Nu onze leeftijden dichter bij elkaar lagen – hij is tien jaar ouder – dacht iedereen dat we een onalledaags stel waren. Alleen in de buurt van knappe mannen konden mensen zien hoe de vork in de steel zat. Dan ging hij net iets harder lachen, net te hard iets tegen mij zeggen, liefst iets beledigends, en anders lopen. Als een soort lokroep.

De receptionist antwoordde zonder te lachen dat we twee aparte bedden hadden en schoof ons het kaartje van de kamer toe.

Die eerste middag lunchten we in een strandtent aan zee. Verderop aan een tafel zat een stel van veertig met een jongen van mijn leeftijd. We waren de enigen.

We raakten aan de praat. Gijsbert vertelde meestal binnen vijf minuten dat ik zijn kleine zusje was. 'Ik heb nog op haar gebabysit.'

'O ja?' zeiden anderen dan quasigeïnteresseerd.

'Die kon poepen! Honderden luiers heb ik verschoond.'

Ik had nooit de energie om te zeggen dat ik al acht was toen Gijsbert een keer mocht oppassen.

Het stel kwam uit Den Haag en heette Esther en Michael. De jongen kwam uit Kerkrade en heette Niek. Ik had lange tijd geen Kerkraads meer gehoord, het was zo zangerig dat het in de verte iets weg had van Papiaments.

Niek was hier om een verpleegkundigenopleiding te volgen van twee jaar.

'Vind je het niet beklemmend om op een eiland te wonen?' vroeg Gijsbert.

Niek, met Kerkraads accent: 'Nee, waarom? Waar kom jij vandaan dan?'

'Gouda,' zei Gijsbert.

Niek: 'Wanneer ga jij nog de stad uit dan?'

Een uitspraak waarvan Gijsbert in een lachstuip schoot.

Gijsbert heeft een heerlijke lach, het begint met een hees hinnikend geluid en vervolgens gaat het over in stil lachen met een knalrood hoofd, waarna hij de tranen uit zijn ogen veegt en het samenvat met een herhaling van de idiote opmerking.

Daarna gaf Niek zijn telefoonnummer aan Gijsbert voor als we die avond iets wilden drinken.

Mooi, dacht ik, de eerste contacten zijn binnen. Dat het kwalitatief niet hoogstaand was maakte niet uit. We hadden ze nodig; Gijsbert en ik verdragen elkaar beter als er anderen bij zijn. Daarin lijken we op sommige stellen.

In de avond kon Gijsbert nergens meer het briefje met telefoonnummer van Niek vinden. Het was meteen een les: ik moest dit soort zaken regelen.

We aten sushi in het hotel en lazen in de lobby een boek. Al zat ik vrij snel alleen, want Gijsbert ging op zoek naar een gaybar en kwam pas om twee uur 's nachts terug.

Mijn vader was me ooit samen met hem komen opzoeken toen ik een taalcursus deed in Aix-en-Provence en had me voor twee dingen gewaarschuwd: Gijsbert liet een wit plasje van tandpasta om zijn tandenborstel ontstaan op de wasbak omdat hij hem niet goed afklopte, en hij wilde iedere avond op jacht.

'Zorg dat hij je thuisbrengt,' zei hij. 'Dat je niet ergens alleen door het donker terug moet.'

De volgende ochtend reden we met onze witte jeep over het eiland naar een verlaten plek met alleen een klein eetkraampje. We aten een lokale specialiteit en maakten een praatje met de enige mensen in de wijde omtrek: drie diepgebruinde jongens met ontblote bovenlijven die net als wij uit Sittard kwamen. Gijsbert en ik vonden dat bijzonder toevallig, zij niet. Waarschijnlijk door de kater. Eentje had groot OMERTA op zijn borst getatoeëerd.

Ze bespraken openlijk veroveringen van de vorige nacht, waarbij de omertajongen een krabwond op zijn schouderblad liet zien. Zijn 'chick' had hem op haar hoogtepunt gekrabd.

'Jeetje, wat pijnlijk,' zei ik.

Hij haalde zijn schouders op. 'Ik zeg altijd: pijn is fijn, bloed dat moet, en wat niet rekt dat scheurt wel.'

'Stef,' zei Gijsbert vanuit zijn linkermondhoek, 'mijn pasteitje komt bijna terug.' Het was moeilijk om op dit eiland een beetje geciviliseerde bliksemafleiders te vinden.


Iedere ochtend sliep Gijsbert uit, terwijl ik door de jetlag al om vijf uur naast mijn bed stond. Zin om aan de dag te beginnen. Ik doodde de tijd door wat te lezen in bed, op het strand waren alleen hardlopers te vinden rond dat tijdstip. Rond acht uur begon ik Gijsbert te porren dat hij wakker moest worden, wat zo'n twee uur in beslag nam. Het was alsof ik in

mijn eentje dertig zandzakken moest versjouwen. Zo
machteloos moeten sommige mannen zich voelen als
ze een vrouw hebben die uren in de badkamer staat
voordat ze de deur uit gaat.

Als Gijsbert dan eindelijk was opgestaan vroeg hij
nooit aan me of ik nog op de badkamer moest zijn
voordat hij tekeerging op de wc, waardoor ik met ingehouden adem naar binnen moest om mijn make-up
te pakken.

Bij het ontbijt at hij alles waarvan hij dacht dat het
goed was voor de lijn. Hij had bij aankomst besloten om te gaan lijnen, op vakantie, waardoor hij salades nam als lunch en ik een hamburger of iets anders
troostrijks, wat vijf dollar duurder was en waarover
hij dan zei: 'Heb je nu alweer een duurder gerecht?'
En bij het zien van mijn dodelijke blik: 'Grapje!'

Zijn broer maakte altijd de grap dat Gijsbert een
portemonnee had van uienleer. 'Als je ernaar wijst
gaat-ie al huilen.'

Drie keer ging hij naar het buffet en steeds kwam
hij terug met een heel kinderachtig soort cereals in
alle kleuren of minipancakes met stroop eroverheen.
Zijn kop koffie liet hij zeven keer bijschenken door
de ober, die op een zeker moment met een grote boog
om onze tafel liep. Dat hij zich zo vaak liet bijschenken was omdat het gratis was. Sommige mensen kunnen bij gratis niet meer voelen wat hun behoefte is.
Het is gratis.

'Eet je dat niet meer?' vroeg hij over elk willekeurig
stuk eten op mijn bord als ik het even niet aanraakte.

'Jawel, Gijs. Rustig maar.'

Vervolgens schreef hij snel en trillerig iets op een bonnetje of treinkaartje dat hij uit zijn zak haalde; het enige waar ik nog niet de vinger achter had. Het was een dwangstoornis, dat wist ik, maar hij wilde me nooit vertellen wat hij erop schreef. Eén keer had ik het afgepakt, maar toen ik de paniek in zijn ogen zag gaf ik het snel terug.

In de lift van het hotel maakte hij een praatje met wie er voorhanden was. Meestal oudere Amerikaanse stellen.

'Goodmorning! Where you from?' vroeg hij steeds. En daarna, ongeacht hun antwoord: 'Oh, that must be beautiful. I would love to go there one time.'

Ik stond er verveeld naast. Soms voegde hij eraan toe: 'I babysitted on her. She was a disaster.' De meeste Amerikanen vonden dit bijzonder grappig (ik ook, de eerste keer), wat hem uiteraard aanmoedigde. Er was op een zeker moment geen houden meer aan. In het allerergste geval ging hij vertellen dat hij uit 'Cowda' kwam.

Op de derde dag kwamen we tot mijn grote vreugde Niek tegen. Hij was samen met Esther en Michael.

'Niek!' riep ik. 'Gijs was je nummer kwijt!'

Niek, tegen mij: 'Wat kan hij wél?'

Tja, historische feiten feilloos opslaan.

Ze vroegen of we zin hadden om samen te eten. Ze wisten een geweldige plek met heerlijk eten. Restaurant De Zeerover.

Met zijn vijven zaten we in een donkerhouten restaurant met plafondventilators.

Ze vroegen wat we allemaal hadden gedaan, op het strand gelegen, en wat we allemaal hadden gezien: niets. Zij hadden met dolfijnen gezwommen, een aanrader, drukten ze ons op het hart. Hadden we al eens met dolfijnen gezwommen? Dolfijnen waren heel intelligente dieren, wisten we dat?

De enige reden dat ik deze gesprekken trok was omdat Gijsbert en ik hierna weer grappen konden maken. Met als hoogtepunt dat Michael over de ober begon, dat leek hem 'een homo'. 'Als-ie zijn handen maar wast, je weet nooit wie zo'n flikker bepotelt.'

Ik keek naar Gijsbert, die me verlegen van achter een hamburger (nu wel) aankeek. De blik van een kind.

'Je kunt altijd heel duidelijk zien wie het mannetje en wie het vrouwtje is,' ging Michael door.

Van de zenuwen kreeg ik de slappe lach.

Michael keek me triomfantelijk aan. Vond ik hem zo grappig, ja?

Gijsbert zei voorzichtig: 'Ik val ook op mannen, Michael.'

'O echt?' zei die. 'Geeft toch niet?' En hij sloeg Gijsbert tweemaal op zijn schouder.

Hij vond Gijsbert tenminste niet zo verwijfd, dat trok hij niet.


Op onze strandbedjes evalueerden we de boel.

Over Michael en Esther zei hij: 'Ze zijn wel uit een ander laatje.'

Aan de manier waarop hij het zei, met spot, wist ik dat hij die uitspraak ooit ergens had gehoord.

'Van wie heb je dat?' vroeg ik.

'Dat zei een enorme kakker uit mijn jaarclub als mensen volgens hem niet van zijn klasse waren. Erg hè?'

Zolang we maar input kregen, dan ging het goed.

Dat ene incident waaraan ik iedere keer denk bij die vakantie op Aruba was toen nog niet voorgevallen. Het incident dat de kleinere irritaties naar de achtergrond heeft verdreven.

Gijsbert had in een van zijn folders iets gelezen over Baby Beach, het was een strand aan de andere kant van het eiland, een halfuur rijden, met het allerblauwste water. Ik had tot nu toe steeds gereden, maar nu vroeg Gijsbert: 'Stef, vind je het goed als ik vandaag rijd?'

Liever niet, dacht ik, maar het leek me ergens ook overdreven van zijn vader, wie kon er nu niet met een automaat overweg?

'Moet ik nu schakelen?' vroeg hij toen we vijf minuten op weg waren.

'Nee,' zei ik. 'Je hoeft met een automaat nooit te schakelen.' Dit had ik al uitgelegd, maar ik probeerde geduldig te blijven.

'Je mag hier tachtig, hè.'

Hij reed zestig.

We reden over het eiland bij eenendertig graden. De airco blies op volle toeren.

'Stef,' zei Gijsbert weer, de handen op tien voor twee. 'Ik heb toch echt het idee dat ik even moet schakelen. Dat hoor je toch?'

'Nee-hee!' zei ik. 'Nergens aankomen.'

Ik keek naar buiten, naar de palmbomen, mijn lievelingsbomen, ik dacht aan de sfeer uit het boek dat ik las en of ik straks –

De motor sloeg af, met brute kracht kwamen we tot stilstand. De autogordel had me met volle overgave in de stoel gehouden. Wat was er gebeurd? Ik keek naar Gijsbert. Het voelde alsof we een ongeluk hadden gehad, alsof ik drie seconden buiten bewustzijn was geweest.

In mijn rechterzijspiegel zag ik een auto achter ons die op tijd had weten te remmen. De bestuurder claxonneerde niet eens.

'Wat deed je?' vroeg ik.

'Je had gelijk,' zei hij, duidelijk ook geschrokken. 'Ik wilde schakelen, maar dat kan blijkbaar niet.'

'Jezus, Gijs. Dat had ik toch gezegd?'

Door de schrik was ik mild, ik was perplex.

Ik had ooit samen met een vriend een slipcursus gedaan waarbij we in een keer vol op de rem moesten trappen, zonder reserve. Zelfs toen stonden we niet zo abrupt stil als nu.

De auto haalde ons rustig in, de twee mensen wierpen in het voorbijgaan alleen even een blik in onze auto om te zien of er een geestelijk geretardeerde achter het stuur zat.

Op Aruba zijn mensen heel tolerant.

Ik was zo geschrokken dat ik zweeg, ik was geïmplodeerd.

We zeiden een hele tijd niks tegen elkaar.

Pas na twintig minuten vroeg ik wat hij in godsnaam dacht. 'Waarom ga je toch schakelen als ik zeg dat dat niet kan?'

'Ik had er niet meer aan gedacht dat we in een automaat zaten.'

'Tuurlijk.'

Ik kon niet plaatsen waarom hij het had gedaan. Misschien was het zijn drang om iets te beleven. Of was er zo'n grote kracht van het verbod op schakelen uitgegaan dat het een dwanghandeling was geworden.

Ik had nu tenminste alle recht om hem nooit meer te laten rijden, om hem als een kleuter te behandelen.

Op Baby Beach zeiden we nog steeds niks tegen elkaar, terwijl ik eigenlijk wilde uitroepen hoe mooi het was. Er was vrijwel niemand. Rechts van ons was een barretje.

'Wil je bier?' vroeg ik zo chagrijnig mogelijk.

'Wat een goed idee van jou.'

En toen ik hem het flesje aangaf, zei hij: 'Proost, poppekeutel.' Hij bleef me aankijken terwijl hij dronk, om te peilen hoelang mijn boosheid nog zou aanhouden.

Al die tijd zweeg ik.

'Ben je erg geschrokken, Stef? Ik moet eerlijk zeggen dat ik het ook eng vond, hoor.'

'Je deed het erom, Gijs.'

'Nee, echt niet, Stef. Ik dacht echt dat ik moest schakelen, het klonk alsof je op de snelweg in zijn drie rijdt.'

Hoe vaak kon ik zeggen hoe gevaarlijk het was geweest? Hoelang kon je kwaad blijven om zoiets? We waren hier nog vier dagen.

'Kom, we gaan het water in,' zei ik, en ik legde mijn kleren op mijn handdoek. Het water was doorzichtig.

Verderop, ook in het water, stonden twee blonde vrouwen, onmiskenbaar Hollands. Mijn leeftijd.

Ik sprak extra hard tegen Gijsbert om te laten weten dat we Nederlands waren. De twee vrouwen moesten ons redden.

De ene heette Kim, de andere heette Myrthe en had zo'n typische uitdrukking op haar gezicht alsof ze elk moment in huilen kon uitbarsten.

Gijsbert vroeg aan de twee of het hun eerste keer was op Baby Beach. En toen ze eenmaal dichterbij stonden zei hij dat hij nog op mij had gebabysit. 'Als ik dan een snoepje nam terwijl zij al op bed lag, riep ze naar beneden dat ze alles had geteld.' Dit was echt waar. Ik had 's middags een zak snoep van Pinky gekocht voor vijf gulden, een gigantisch volle zak. Mijn ouders zeiden bij thuiskomst: 'Als deze zak morgen op is, dan zwaait er wat.' Ik legde acht snoepjes op een schoteltje en deed er de hele middag mee. In de avond kwam Gijsbert oppassen, 's ochtends was de

zak op een stuk trekdrop na leeg. Ik kwam in adem-
nood toen mijn moeder me 's ochtends bij haar riep.

We waren eerder uit het water dan zij.

'Stef,' zei Gijsbert zacht. 'Die ene heeft zo'n kleur-
loos jankgezicht. Het is toch net Zwelgje?'

Kim en Zwelgje vroegen of ze naast ons konden
komen zitten met hun handdoeken. We dronken
een blikje cola en wisselden de standaard zaken uit:
woonplaats, werk, liefde. Kim en Zwelgje kwamen
uit Zwijndrecht. Het was erg gezellig, en ze wisten de
humor van Gijsbert op waarde te schatten.

Ik had gevraagd of ze zin hadden om de volgende
avond in ons hotel te komen eten, en die avond daarna weer. Ik liet ze niet meer gaan.

Overdag lagen Gijsbert en ik aan zee. Hij had binnen zes dagen vijf boeken uitgelezen. Hij liet zich door
niets of niemand afleiden, als hij eenmaal lag te lezen
was er bijna geen contact met hem te krijgen. Alleen
een tornado die boven de zee raasde kreeg hem even
van zijn ligbed. De lifeguard riep alle strandgangers
op om van het strand te gaan, we konden de wervelwind boven de zee zien razen. Een beeld uit een te-
kenfilm.

Gijsbert klaarde zichtbaar op. Er gebeurde iets.

Het regende hard, maar warm. Gijsbert en ik stonden
onder een afdak aan de zijkant van het hotel. Naast
ons kwam een ouder Nederlands stel staan dat een
handdoek boven hun hoofd hield.

'Benieuwd of onze bedjes straks in zee liggen,' zei

de man om contact met ons te maken. Dat was niet tegen dovemansoren.

Gijsbert vroeg, met de Kerkraadse intonatie van Niek: 'Weten jullie al wat je straks gaat zeggen als de NOS met een camera voor je neus staat?'

De mensen lachten voorzichtig, niet zeker of het een act was.

Nee, ze wisten nog niet wat ze gingen zeggen.

'Ik ga zeggen dat ik nog heel goed wist waar ik was toen het gebeurde,' zei Gijsbert. 'Ik stond tot aan mijn middenrif in het water en ineens zag ik die wervelwind vol op me afkomen. Het was alsof ik de dood in de ogen keek. Ik ben gaan rennen dat het een lieve lust was. Ik zag nog net mijn vrouw aan de kant staan.' Hij wees naar mij.

Hoe verlegener mensen werden, hoe meer hij op dreef raakte.

'Ik zie haar de handdoeken bij elkaar rapen, de tas inpakken, ze wist nog net op tijd mijn boek over Josef Mengele mee te grissen in haar juten strandzak, anders had ik geen boek meer gehad. Ik zeg je eerlijk: ik ben me wild geschrokken.'

Het stel schoot naar binnen, het hotel in.


Met Kim en Zwelgje hadden we een laatste dagtrip met onze jeep gemaakt voordat we hem moesten terugbrengen.

'Wat hebben jullie veel folders in de auto,' had Zwelgje gezegd.

'Ik heb infobesitas,' zei Gijsbert.

Bij het inleveren van de auto moest Gijsbert, net als alle keren dat de rekening in een restaurant gepresenteerd werd, hoognodig naar de wc. Nee, het was echt niet meer tegen te houden. Daardoor kon ik de hele auto opruimen.

In de deur van de bijrijder lagen, naast onnoemelijk veel folders, bonnetjes, lege ijspapiertjes, zakdoekjes, en nog veel meer dingen waar ik vies van was.

Ik weet nog dat ik dacht: ik ben op reis met een patiënt.


Twee jaar later vroeg deze patiënt of ik meeging naar Los Angeles, twee weken lang. We zouden zijn goede vriendin Liset gaan opzoeken.

Ik dacht aan Aruba. Het leek alsof alleen de grotere, leuke gebeurtenissen nog in mijn geheugen waren gebeiteld. Ja, er was een heel vervelend incident met de auto geweest, maar verder ging het geloof ik wel.

Ik kon het vast heel goed met Liset vinden, zei hij. Tussendoor zouden we met zijn tweeën een autotripje maken, want Liset zat vast aan de schooltijden van de kinderen.

Ik wilde dolgraag naar Los Angeles, we hadden een fijne logeerplek als uitvalsbasis, en Liset zou als katalysator kunnen dienen.

Een reis met Gijsbert, dat was toch eigenlijk vooral grappig?


Na een enorme vertraging en zonder koffers waren we op LAX Airport aangekomen. Liset kwam ons ophalen in een grote zwarte SUV. Ze had flesjes water voor ons klaarliggen en zei dat we meteen even mee moesten om de kinderen van school te halen. Liset had, zo zag ik al snel, een fijn soort smetvrees. Overal lag desinfectiegel in de auto, zelf zag ze er ook verzorgd uit: ze had spierwitte, rechte tanden en felblauwe ogen met fris, halflang haar. Sobere kleding zonder opsmuk. Dat heel Amerika smetvrees heeft wist ik toen nog niet. Op zowat iedere wc in restaurants hing een bordje dat je ontslagen werd als ze ontdekten dat je je handen niet had gewassen. Een zeer legitieme reden als je het mij vroeg.

Gijsbert was idolaat van Liset. Hij had haar al vaker bezocht en kwam er iedere keer hipper en slanker van terug. De laatste keer hadden ze samen een hormoondieet gedaan waarbij zij, oud-verpleegkundige, hormonen in zijn buik spoot. Wekenlang was hij slank geweest en droeg hij door toedoen van Liset allemaal strakke shirts van Abercrombie & Fitch.

Inmiddels pasten die kleren niet meer, dus er stond een nieuwe winkelsessie op de planning, waar ik erg tegen opzag.

In de auto zei Liset dat ze bezig was met een nieuw dieet: 'Het is superlekker en je mag alles eten, behalve koolhydraten.' En in de ochtend maakte ze smoothies van groene groenten en twee soorten fruit. 'Wisten jullie dat groene *vegetables* superveel antioxidanten bevatten? Het is supergoed voor je spijsvertering als je die 's ochtends als ontbijt drinkt.'

Ik ontmoette haar man, Tom, en hun zonen van vijf en acht. De buren van Liset, twee Amerikaanse zeventigers met de namen Bob en Connie – Gijsbert zou er de hele vakantie een sport van maken om die namen zo Nederlands mogelijk uit te spreken –, keken nieuwsgierig vanaf de oprit naar onze komst. We maakten een praatje.

'Oh my gosh,' zei Gijsbert, terwijl hij op Connie afliep. 'So nice to meet you!'

Liset en ik keken elkaar lachend aan. Waar zou hij die kreet nu weer vandaan hebben? Gijsbert is niet het type dat Amerikaanse series kijkt.

'It is so lovely to meet you, Connie,' zei hij.

Connie keek hem met grote, stralende ogen aan. Dat hij overdreef had ze ergens wel door, maar het vleide haar duidelijk.

Liset schudde lachend haar hoofd. Ze zei dat we ergens deze twee weken gezellig met zijn allen uit eten moesten.

'I would lóve that,' zei Connie.

Een zinnetje dat Gijsbert voor de rest van de vakantie overnam.


Lisets huis was schoon en ruim, niet overdreven groot, en Gijsbert en ik sliepen samen op een kamer met eigen badkamer. Hij in het tweepersoonsbed, ik in een kleiner bed aan het raam. Zoals bij veel Amerikaanse huizen stond je ook hier direct in de woonkamer als je binnenkwam.

Al na de eerste nacht vlogen Gijsbert en ik naar San

Francisco, om vanuit daar terug te rijden naar Los Angeles. Liset moest een kinderpartijtje organiseren en zo konden Gijsbert en ik alvast een groot deel van Californië zien. Mijn vader had ons op een huurauto getrakteerd, alvast voor kerst, zei hij erbij, en vooral op voorwaarde dat alleen ik zou rijden.

Omdat ik een licht schuldgevoel had dat ik Gijsbert niet meer liet rijden, zei ik na de eerste tankbeurt dat het mijn traktatie was. Sommige mensen hebben de gave om iedereen om hen heen voor ze te laten betalen zonder dat ze daarom vragen.

Gijsbert vond alles best, hij had twee weken meivakantie. Zijn enige eis was dat hij de buurt Castro wilde bezoeken, en later ook nog ergens Palm Springs.

Natuurlijk. Ik moest weer naar allerlei gaybars. Ik hou niet van gaybars, niemand is geïnteresseerd in je. We vinkten er twee af, bezochten de Alcatraz, zagen de zeeleeuwen op pier 39, en haalden onze bescheiden huurauto op, die binnen drie uur weer volledig bezaaid lag met folders van allerlei domme activiteiten.

Onderweg stopten we in een willekeurig dorpje om te overnachten: Monterey. Ik ging een hotel binnen om te vragen of er een kamer vrij was, op de bonnefooi. Ik voelde me een vrouw van de wereld. Een alleenstaande moeder met de verantwoordelijkheid voor een moeilijke zoon.

Gijsbert liep achter me aan met open mond, zoals prinsessen in sprookjes kijken als ze zich verwonderen. Het behang in de lobby, het tapijt, de wanden, alles was versierd met een bloemenmotief. Het was ouderwets en grimmig.

'Hello there!' zei de blonde mevrouw met blauwe oogschaduw achter de balie.

Gijsbert, die continu zijn Engels wilde oefenen, zei: 'Hi, I am Gijsbert. I lóve your hotel, I am a teacher in history.'

De mevrouw keek over haar bril, terwijl ze een scan maakte van onze paspoorten en zei: 'Well, good for you, son! Good for you!'

Ze vroeg waar hij vandaan kwam. Hij antwoordde, voor de zoveelste keer: 'Cowda.' Puur en alleen uit beleefdheid vroeg ze waar het lag, waarbij ze als voorzet een van de windrichtingen opnoemde, waarop Gijsbert met precisie ging uitleggen dat het 'thirty-eight kilometers from Oetrecht and twenty-four kilometers from Rotterdem' lag.

Ik werd niet goed.

'Je gaat toch niet de hele vakantie aan mensen uitleggen waar Gouda ligt, hè?' vroeg ik. 'Het interesseert niemand een hol waar Gouda ligt.'

'Wat ben je toch verdraagzaam,' reageerde hij. 'Dat vind ik zo'n mooie eigenschap van jou.'

We kregen kamer 11.

Vlak voor het eten zei hij: 'Ik ga nog heel even naar de wc.' Aan de formulering kon ik horen dat het om een *number two* ging.

Ik lag op de gang op een chaise longue, waar de wifi sterk genoeg was om een filmpje te kijken. Een moment van rust, van voldoening. We leken de enige gasten.

Ineens riep Gijsbert vanuit de kamer: 'Stef! Help me!'

De ernst drong niet meteen tot me door.

Toen weer: 'Stef! Help, alsjeblieft!'

Ik liep de kamer in. Gijsbert stond met een hand voor zijn mond. Uit de badkamer kwam een gigantische hoeveelheid bruin water met papier uit de wc, recht de slaapkamer in. Ik wist niet wat ik zag.

'Oh my gosh,' riep Gijsbert. 'Oh my gosh!'

Ik zei dat hij onmiddellijk moest kappen met 'Oh my gosh' en rende naar de lobby, waar ik in paniek over de balustrade riep: 'THE TOILET IS COMING UP!' Mijn Engels is niet sterk in panieksituaties.

De receptioniste keek me verschrikt aan en riep terug: 'THE TOILET IS COMING UP?'

Ze stuurde de piccolo omhoog, haar zoon waarschijnlijk, die de trappen met drie treden tegelijk op rende. Zij erachteraan met haar korte beentjes.

Gijsbert stond nog in exact dezelfde houding toen we de kamer op kwamen.

'Oh my gosh!' riep hij nog steeds.

De piccolo rende de badkamer in en draaide een kraantje naast de wc dicht. De waterval stopte. Zijn broekspijpen waren tot aan zijn enkels nat. Alles sopte.

'I am so sorry!' zei Gijsbert.

'It is not a problem sir, we will give you another room.'

Ik bekeek de ravage met schaamte. We waren nog geen halfuur in dit hotel. Misschien nog geen kwartier.

De piccolo legde schone handdoeken op de vloer. Wij volgden de vrouw naar de receptie voor een andere kamer. Ze bleef onverminderd vriendelijk.

'Wat heb je gedaan op die wc?' vroeg ik aan Gijsbert, terwijl we opnieuw aan de balie stonden.

'Niks, Stef.'

'Maar zo'n wc stroomt toch niet ineens over?'

'Ik heb het nog geprobeerd tegen te houden met mijn arm!'


Bij het avondeten zaten we zwijgend tegenover elkaar.

Ik keek naar mensen achter hem. We leken zo'n koppel dat elkaar niets meer te vertellen heeft.

'Waarom vind ik het toch zo gezellig met jou?' vroeg hij, in een poging me te laten ontdooien. Ik nam een slok van mijn bier.

Het was nog aangenaam warm, de lucht was blauw, het dorp Amerikaans uitbundig. Ik kwam langzaam weer een beetje bij mijn positieven.

Totdat Gijsbert aan zijn vingers rook.

'Je hebt toch wel je handen gewassen?'

'Vergeten,' zei hij.


In gedachten ging ik mijn vriendenkring langs, op zoek naar betere reispartners. Ik dagdroomde van reispartners die vroeg uit de veren waren, actief, kordaat, en vooral proper.

De volgende ochtend reden we weg uit Monterey. Het was een idyllisch, kleurrijk dorp met fuchsiaroze bloemen in keurig aangeharkte tuinen. Op rechts lag de oceaan, felblauw. Het was een oase van kleuren. Alleen rook het eigenaardig, naar zwavel, de lucht van rotte eieren.

Ik zag twee voetgangers en vroeg Gijsbert zijn raam naar beneden te doen, konden we ze vragen waar deze opmerkelijke geur vandaan kwam.

Gijsbert was in een apathische bui, hij had verwilderd aan het ontbijt gezeten, zijn haar ongekamd rechtop, de blik in zijn ogen leeg. Hij had negen koffie op en zag eruit als Johnny uit *The Shining*.

Hij deed het raam omlaag, ik vroeg aan de mensen, mijn hoofd horizontaal, waar deze geur vandaan kwam.

Gijsbert staarde voor zich uit.

'I think,' zei de man, 'that your partner has very bad breath.'

Ik lachte. Gijsbert glimlachte vriendelijk naar hem, wat het nog komischer maakte. Alsof hij geen enkele zelfspot had.

Nee hoor, zei de man, het kwam uit de zee, de algen spoelden aan.

'Thank you,' zei Gijsbert met een maniakale glimlach en hij deed het raam dicht.

Ik vroeg of hij had gehoord wat de man zei.

'Nee. Was het interessant?'

'Hij zei dat je uit je mond stonk.'

'Dat meen je niet!' zei Gijsbert. 'Wat geestig! En

wat erg dat ik zo serieus antwoordde.'

'Tja.'

Bij de volgende twee mensen, een man en een vrouw, opende Gijsbert zonder dat ik het hoefde te vragen zijn raam. Hij had nu door dat er zelfs in een klein gesprekje iets te beleven viel.

'Sir, what is this smell?' vroeg hij.

De man gaf dezelfde verklaring, dat het met de algen te maken had.

'Oh, okay,' zei Gijsbert. 'Because I thought it was her breath.' Hij wees naar mij, met twee vingers op zijn neus.

Het koppel vloog achterover van het lachen. En toen ze weer rechtop stonden zei de man: 'I suspect that you'll be sleeping in another room tonight, mister.'


Terug bij Liset in Los Angeles vertelde ik het wc-verhaal na, want met Gijsbert in mijn buurt kreeg ik een ziekelijke drang om te klikken.

In gezelschappen waren we een gouden duo. Vrolijk en grappig.

Waren we met zijn tweeën dan ontstond er spontaan nijd. Ik dacht dat Liset buiten gehoorsafstand was toen ik tegen hem zei: 'Dat was mijn flesje water waar je aan hebt zitten lurken. Dat stond toch naast mijn bed? Jij hebt jouw eigen flesje, dáár.' En toen Gijsbert er niet op reageerde: 'Wat zou jij ervan vinden als iedereen zomaar aan jouw flesje ging likken?'

'Steef?' riep Liset vanuit de woonkamer. 'Je kunt

gewoon een nieuw flesje uit de ijskast pakken, ik heb er meer dan genoeg voor de komende twee weken. Hier.' En ze bracht me een flesje.

Ik schaamde me dood.

Liset reageerde precies zo op het wc-incident als ik hoopte. Vol walging. 'Als je een werknemer was geweest had je ontslagen kunnen worden, Gijs. Wist je dat?'

Gijsbert reageerde altijd hetzelfde in zulke situaties: eerst met overdreven verbazing, daarna zag je hem slikken en nadenken in stilte. Meestal had ik daarna een beetje met hem te doen, maar het stemde me slechts voor heel even milder.

In een troosteloze kledinghal met tl-licht, vlak aan de weg, gingen we shoppen voor Gijsbert. Volgens Liset hadden ze supermooie merken voor weinig geld. Ik bemoeide me er zo min mogelijk mee, want ik had een andere smaak, maar geen puf er werk van te maken.

Liset zocht met veel geduld naar de beste polo's en schoenen. Timberlands in maat achtenveertig en mocassins. Gijsbert kwam steeds het pashokje uit, hield overdreven zijn buik in en vroeg steeds opnieuw: 'Mooi, Lies? Stef, wat vind jij?'

'Ja, mooi.'

Soms was het mooi, soms was het ronduit lachwekkend. Ik hield bijvoorbeeld niet van een witte linnen broek bij mannen, maar zowel Liset als Gijsbert vond het heel klassiek. Dan zweeg ik.

Bij het afrekenen pakte Liset een van de duurdere

shirts eruit en zei dat hij dat van haar kreeg.

'Ach, Lies,' zei hij. 'Dat hoef je toch helemaal niet te doen.'

Met drie volle zakken liepen we de kledinghal uit. Liset betaalde verderop de parkeerkaart.

'Waarom ben ik toch zo gelukkig als ik samen met jou ben?' vroeg Gijsbert aan me terwijl hij aandachtig naar me keek. Een vraag die verried dat hij ontzettend blij was met zijn aankopen. Liset zei nog even snel iets lekkers voor de kinderen te halen. Ze was iemand die overal aan dacht. Die lunchtrommels maakte waaraan je kon zien dat ze een opgeruimd karakter had. Ze was een moeder die toegewijd maar streng regeerde. 'Ik ruik nog poep,' zei ze tegen haar jongste in de badkamer. 'Terug de billen vegen en goed de handen wassen.' En toen hij dat gedaan had, knuffelde ze hem. 'Goed zo, schat. Ik vind dat zó supergoed van jou!'

Of ze pakte de kin vast van haar oudste en keek in zijn mond. 'Die rechtervoortand is een beetje geel van kleur, die moeten we in de gaten houden.'

Ik zag Gijsbert er met een zekere jaloezie naar kijken.

Omdat we uit eten gingen met Bob en Connie, had Liset een oppas geregeld: Norma. Een gezette Mexicaanse vrouw van in de vijftig met een wikkelvestje.

Gijsbert kwam de woonkamer binnen. Hij droeg een witte linnen broek en een witte linnen blouse. Alleen zijn riem had kleur. Donkerblauw met roze olifantjes. Toen hij die ooit voor de klas droeg, riep een van zijn leerlingen: 'Meneer, bent u een homo?'

We keken alle vier met grote ogen. Norma, Liset, Tom en ik.

'Ga je naar Sensation White?' vroeg ik.

Tom lachte. 'Ik wilde het niet zeggen.'

'Te wit, vinden jullie?' vroeg Gijsbert, terwijl hij zijn buik inhield en naar beneden keek.

Liset lachte als enige niet en zei: 'Ik denk dat het net iets leuker is met een lichtblauwe blouse, dan breek je het een beetje.'

Tom en ik lachten weer.

'What do you think, Norman?' vroeg hij aan de oppas. In een oogwenk had Gijsbert haar een mannennaam gegeven. Norman. Alsof een vreemde mij ineens Stephan zou noemen.

'Norma!' riepen wij in koor. Ik had er met gemak een uur om kunnen lachen.

Nadat Norma had gezegd dat ze het ook mooier zou vinden met lichtblauw, kleedde Gijsbert zich om en vertrokken we met Bob en Connie naar het grillrestaurant.

Bob vertelde over zijn jaren bij de politie, Connie bekeek Gijsbert. Ze was volledig gebiologeerd door hem. Gijsbert stelde haar eenvoudige vragen als: 'Do you like it here in Los Angeles, Connie?' Tussendoor schreef hij vlug een krabbeltje op een bonnetje dat hij uit zijn borstzak viste en daarna weer verfrommeld wegstopte.

'What is that thing you're doing?' vroeg Connie. Ze wees op zijn borstzak.

Gijsbert: 'I was raped when I was eight.'

Connies mond viel open. Tom keek naar mij voor een beetje houvast.

De ober kwam aan met spareribs en entrecotes van tweehonderdvijftig gram.

Gijsbert was de taal niet machtig genoeg om de koppeling tussen zijn dwanghandeling en zijn jeugd- trauma uit te leggen, het was in het Nederlands al lastig te begrijpen. Connie zei dat het haar verschrik- kelijk speet. Eigenlijk heeft ze de rest van het etentje alleen nog maar gezegd hoe erg het haar speet.

In de auto op weg naar huis vroeg Gijsbert: 'Lies, had ik dat niet moeten vertellen aan Connie?'

Liset zei dat Gijsbert zelf moest weten wat hij aan mensen kwijt wilde.

'Maar vond je het te openhartig?'

Liset dacht even na. 'Ik denk wel dat Connie een beetje schrok. Maar nogmaals Gijs, als jij dat wilt vertellen, dan moet je dat doen. Dat is helemaal aan jou.'

'Jij, Stef? Vond jij het *too much*?'

Ik wist niet goed wat ik ervan vond, maar het laatste wat ik wilde was hem een slecht gevoel geven, dus ik zei dat het niet erg was. En na een korte stilte: 'Ik vind het sowieso een heel leuke manier om het ijs te breken.'

Daarop schaterde Gijsbert het uit en durfde ook Tom eindelijk wat spanning los te laten.

De laatste dagen van onze vakantie zouden Gijsbert en ik naar Palm Springs rijden, anderhalf uur vanaf Los Angeles. Onderweg hadden we een motel met zwembad geboekt. We sliepen apart in twee queen-size bedden, de deur lag aan de straatkant en had zo'n typische koperen draaiknop zoals je die in Amerikaanse films zag. In al die films had ik nooit gezien dat inbreken moeilijk was.

Het was een rustige stad, of misschien was het rustig voor de tijd van het jaar. Waar je ook stond, overal waren bergen. Ook toen we aan het zwembad lagen werden we omringd door bergen. Bergen en palmbomen. Een prachtige combinatie.

'Wat goed dat je dit hebt uitgezocht,' zei ik tegen Gijsbert. 'Wie heeft je hierover verteld?'

'Leuk hè,' zei hij. 'Ik wil alleen het beste van het beste voor jou.'

Het echte antwoord kwam pas bij het avondeten.

'Stè-hèf.'

'Ja-ha, Gijsbert.'

'Ga je zo mee naar Toucans Tiki Lounge?'

'Wat is daar?' vroeg ik.

'Daar hebben ze heel mooie vogels.'

Ik wist genoeg. Ik zei dat ik er vanavond echt totaal geen zin in had. Waarschijnlijk kwamen we weer in een of andere lege, blauw verlichte bar terecht met eenzame, dolende zielen op zoek naar seks.

'Mag ik ook met een boek naar bed?' vroeg ik.

'Ah, toe! Stefke. Dan kun je mijn *wingman* zijn, jij bent daar zo goed in.'

Ik at zwijgend verder van mijn tortilla.

'Stef,' zei Gijsbert. 'Please?'

Het was rustig in de Toucans Tiki Lounge.

Gijsbert en ik namen plaats aan een hoekpunt van de bar. Toen ik een slok van mijn Horny Mule-cocktail nam, kwam er een Engelse Indiër naast me zitten. Voor de beleefdheid werden er twee vragen aan mij gesteld, daarna keek ik naar een soort pingpongwedstrijd tussen Gijsbert en de Engelsman.

'Are you from Amsterdam?' vroeg de Engelsman. 'I would love to go there one day.'

'I will show you my bicycle,' zei die van mij.

De Engelsman kirde van plezier en sloeg zijn hoofd achterover.

'You have a beautiful laugh, you know that?' zei Gijsbert.

De Indiër ging naar de wc. Gijsbert vroeg wat ik van hem vond.

Ik zei dat ik er echt helemaal niks van vond, dat ik iemand niet kon beoordelen in tien minuten en dat Gijsbert lekker zelf moest weten wat hij wilde. Ik ging er zo vandoor.

'Ik vind zijn lach zo debiel,' zei hij. 'Vind je niet?'

'Waarom zeg je dan dat hij een mooie lach heeft?'

'Denk je dat hij mij leuk vindt?'

'Ik denk van wel.' Ik legde mijn hoofd op mijn arm. 'Ik ga zo.'

De Engelsman kwam terug. 'You have a very strong back,' zei hij en hij legde een hand op Gijsberts rug.

Ik had genoeg gewingd.

'Ik ben ervandoor.'

Gijsbert speelde nog dat hij me naar huis wilde brengen, maar nadat ik één keer zei dat dat niet hoefde liet hij het zitten.

Na twee bladzijdes viel ik in slaap.

's Nachts werd ik wakker van een geluid. De kamer was zwart, nergens zag ik contouren. Ik probeerde me te herinneren in welke stad ik was. We waren niet bij Liset.

Iemand rommelde aan de deurknop.

'Hallo?' riep ik, afgekeken uit films.

Mijn hart pompte als een bezetene. Na enkele seconden besefte ik dat ik met Gijsbert in een kamer lag in Palm Springs. Maar het gevaar leek echt: iemand zat aan de deurknop. Ik zocht naar het licht, tevergeefs.

Met veel gestommel kwam er iemand binnenvallen, op zijn knieën, zag ik in een straal lantaarnlicht van buiten. Het was Gijsbert. 'Dat slot doet kut.'

Hij wankelde naar zijn bed en viel zonder zijn tanden te poetsen op de dekens in slaap.

Door de adrenaline kon ik niet meer slapen.

Ik luisterde naar zijn gesnurk en fantaseerde dat ik een bedlamp op hem stuksloeg.

'Hoe is het afgelopen met de Engelsman?' vroeg ik bij het ontbijt.

'Hij wilde mee naar onze kamer, ik zei dat wij in

aparte bedden sliepen, maar ik dacht dat jij het vervelend zou vinden als ik hem meenam.'

Ik keek toe hoe hij eigeel van zijn lepeltje likte.

'"Vervelend" is het woord niet helemaal,' zei ik.


Gijsbert was de hele trip moe. 's Ochtends kwam hij
bijna niet zijn bed uit en in de auto had hij ontdekt
hoe de bijrijdersstoel volledig naar achteren kon. Tien
minuten lang speelde hij met de elektrische knoppen
om uiteindelijk volledig plat te gaan liggen.

Daardoor leek het alsof ik in mijn eentje door Amerika reed. Het had iets eenzaams.

Bij het loket van Joshua Park vroeg de persoon met
hoeveel personen ik was, en keek langs me heen naar
Gijsbert, met opgetrokken wenkbrauw. Zoiets zagen
ze niet vaak.

'Two, please,' zei ik.

Bij onze stop duwde hij weer de elektrische knop in
en kwam langzaam weer rechtop zitten.

Het leek alsof hij zich ook aan mij ergerde, want hij
noemde me ineens continu 'fuckface'. Wat zijn doel
miste, want ik moest erom lachen.

'Zouden hier slangen zijn, fuckface?' vroeg hij. En
iets later: 'Kom fuckface, we gaan.'

Hij moest dat woord ergens tijdens onze trip hebben gehoord.

Wat minder vriendelijk van hem was, vals zelfs,
was dat hij deed alsof hij schrok toen hij me aankeek.

'Wat is er?' vroeg ik.

'O nee, toch niet,' zei hij. 'Ik dacht dat die snijtand

uit je mond viel, maar hij staat gewoon heel scheef.'

Ik incasseerde het in stilte. Gijsbert wist precies mijn zwakke plekken.

De dag voor vertrek kregen we ruzie. We waren te lang zonder Liset op pad, er hing inmiddels flinke spanning in de lucht. Bij de lunch bestelde hij weer een of andere magere salade (terwijl hij zich 's ochtends bij het ontbijtbuffet had volgevroten met scrambled eggs en een spiegelei op toast), en ik een sandwich, die vijf dollar duurder was.

'Stef,' zei Gijsbert, op zo'n zeurderige toon, Stè-hèf. 'Ik stel voor dat jij het cadeau voor Liset betaalt omdat jij de hele vakantie meer hebt gegeten dan ik.'

Ik dacht aan de huurauto die we van mijn vader hadden gekregen. Ik dacht aan alle keren dat ik het terras had betaald als hij naar Amsterdam kwam, aan de doos met Happy Socks die ik voor kerst had gekregen en aan hem had gegeven. Aan de vakantie die mijn vader in haar volledigheid had betaald toen ze samen naar Aix-en-Provence gingen, aan de volle tank van vijftig dollar die ik in het begin van de vakantie had betaald, en ik zei: 'Gijs, als dat voor jou goed voelt, omdat ik voor dertig dollar totaal meer heb gegeten, dan betaal ik het cadeau voor Liset. Ik wil niet dat jij tekortkomt.'

'Maar het is toch zo?' zei hij.

'Je bent geschift,' zei ik.

'Nee, Stef. Niet boos op mij worden omdat je zelf de duurste gerechten bestelt.'

Ik ben hier niet trots op, maar ik heb hem toen zo hard als ik kon, de autosleutel in mijn hand voor meer kracht, op zijn bovenarm geslagen. Het moet eruit hebben gezien als een kleuter die haar vader zo hoog mogelijk probeert te meppen.

Hij reageerde er amper op, hij zei alleen: 'Het lijkt me beter dat je de autosleutel aan mij geeft, Stef, je bent veel te emotioneel om nog goed te kunnen rijden.'

Ik steeg bijna op van woede. 'Ik ga nooit meer met jou op vakantie. Ik meen het.'

We liepen terug naar de auto.

Hij deed hardhandig de autodeur open en raakte de auto naast hem, waar een Aziatische Amerikaanse in zat, die direct uitstapte.

Er zat een kras op haar deur.

'I'm sorry, but you just made a scratch on my car.'

'So what!' riep Gijsbert. En hij wilde verdergaan met ruziemaken.

'Doe even rustig, Gijs, je hebt een kras gemaakt.'

'I think I am gonna call my lawyer and you're gonna pay for this.'

Dit was dus iets wat ze echt zeiden, dat ze hun advocaat gingen bellen. Ik stond versteld. Ik bood gauw mijn excuses aan.

'I am really sorry.'

Door mijn ernst zag Gijsbert geloof ik ook het belang van excuses in. Hij draaide zich naar haar toe, de handen in bidhouding, en zei dat het hem heel erg speet. Hij bekeek de kras. 'Oh my gosh,' zei hij op het niveau van dorpstoneel, en hij sloeg een hand voor zijn mond.

De vrouw bond gek genoeg in.

'You know what,' zei ze. Ze kwam er wel uit met haar verzekering en hoopte van harte dat wij het bijlegden. 'You seem like such a nice couple, please stop fighting.'

De vrouw was verstoken van mensenkennis.

In de auto huilde Gijsbert. Niet een paar tranen; zijn hele gezicht was nat, en hij huilde als een wolf. Het leek nep, maar ik moest wel aannemen dat het echt was, want ik had het nooit eerder gezien.

We klikten bij Liset als broer en zus. Dat het om het cadeau voor Liset ging hadden we veranderd in het betalen van een volle tank.

'Hebben jullie het nu wel bijgelegd?' vroeg ze ten slotte.

'Jawel,' zei Gijsbert.

'Ja,' zei ik.

Ik geneerde me tegenover haar. Ze was negen jaar ouder dan ik, maar ik voelde me een puber.

Die avond gingen we met Lisets vriendinnen iets drinken. Gijsbert keek de hele avond naar mij vanuit zijn ooghoeken, met een bange, verlegen blik, zoals een hond kijkt als hij moet kakken met mensen in de buurt.

Ik las er een spijtbetuiging in.

Dit was echt de laatste keer dat ik samen met Gijsbert op reis ging, dacht ik in het vliegtuig terug. Dat moest ik onthouden. Een gedachte die werd versterkt toen hij naar de wc ging voordat onze dienbladen waren opgehaald en hij zijn dienblad met etensresten bij mij op het tafeltje plaatste.

Eenmaal thuis moest ik dagen bijkomen. Ik was down van de jetlag en alle indrukken.

Mijn vader belde en vroeg hoe ik het had gehad.

'Was leuk,' zei ik.

'Is er iets gebeurd?'

Ik huilde toen ik onze ruzie navertelde.

Het duurde een hele tijd voordat Gijsbert en ik weer contact met elkaar opnamen.

Pas een jaar later met kerst vertelden we de ene leuke anekdote na de andere aan tafel. Aan zijn ouders, aan mijn ouders, aan een vriendin van de familie.

Over de ruzie zwegen we, tegen anderen en naar elkaar.

Achteraf gezien hadden we best veel gelachen. Er kwamen observaties terug die we ter plekke niet hadden besproken.

De slechte herinneringen werden als vanzelf weer verdreven.


Een jaar geleden was Liset van Los Angeles naar Seattle verhuisd. Gijsbert was haar al een keer gaan opzoeken. En toen ze hem de tweede keer vroeg om langs te komen, in de paasvakantie, vroeg hij mij mee. Twee weken Seattle, met een uitstapje naar Canada. En we zouden alles samen met Liset doen.

'Echt alles?' vroeg ik.

'We wijken geen moment van haar zijde.'

Ja, dan moest het op zich wel kunnen.

Ze haalde ons op van het vliegveld in een auto waar je bijna een keukentrapje voor nodig had om erin te komen.

'Lies, denk je dat er een grote kans is dat we beren tegenkomen?'

Ze had ons camerabeelden van hun achtertuin laten zien waarop een babybeer in hun gft-bak naar eten zocht. Gijsbert had het me al vier keer verteld.

Ik vroeg of ze nog hetzelfde dieet deed als eerst, maar nee, ze deed nu iets anders. Ze lette vooral op bepaalde voeding.

'Wisten jullie bijvoorbeeld,' vroeg ze, en ze keek mij aan via de achteruitkijkspiegel, 'dat één ei even slecht is als vijf sigaretten?'

Gijsbert lachte zijn aanstekelijke lach. 'Nee toch, Lies!'

Alleen al de afkorting Lies werkte op mijn lachspieren.

Liset bakte iedere avond granola, en at iedere dag avocado.

Ze noemde op wat we allemaal konden gaan doen de komende dagen. Gijsbert en ik vonden alles best.

'Wat we óók kunnen doen...' zei ze steeds, waarop wij dan weer zeiden dat we dat ook leuk zouden vinden en het ons niet veel uitmaakte. We vonden alle ideeën leuk en goed.

'Of we kunnen...' en dan kwam er nog een idee bij.

Met Pasen zouden we naar Canada gaan. Twee uur rijden vanaf Seattle. We gingen paasbrunchen in een bijzondere ontbijtzaak die alleen in Canada bestond. Tim Hortons. 'Daar heb je superlekker eten en super-gezonde bagels.' Tim Hortons was, als we Liset moes-ten geloven, iets heel speciaals.

Wij vonden alles prima.

De volgende ochtend reden we naar Canada en nog een ochtend later, op eerste paasdag, liepen we Tim Hortons binnen. Voor de deur lag een zwerver, bin-nen was er op een junk na niemand. Het had de in-richting van McDonald's, maar dan onverzorgder. Met een vloer die vies leek en tafels waar nog restjes op lagen.

We hadden de keuze uit een *turkey bacon sand-wich*, *ham and cheddar sandwich*, *turkey melt* en nog meer variaties op turkey. Niks ervan leek me geschikt voor de paasbrunch.

'Stef,' fluisterde Gijsbert terwijl hij omhoogkeek naar de borden met het menu en zijn mond amper be-woog. 'Ik had me dit anders voorgesteld, jij?'

'Ik ook,' zei ik.

Liset rekende een salade af.

Ik bestelde met veel tegenzin een bagel met zo'n fluffy spiegelei erop zoals je die alleen in fastfoodke-tens krijgt. Gijsbert deed hetzelfde.

Liset had een *garden salad* met sla, tomaat en rode ui. De tomaat, de rode ui en de dressing legde ze apart, ze at alleen de sla.

'Lies, is dat lekker zo?' vroeg Gijsbert.

Liset zei dat ze het een superlekkere salade vond,

supergezond. 'Wist je dat er heel veel vitamine A in sla zit? En ook foliumzuur.'

Gijsbert liet een deel van zijn eten liggen, wat niet vaak voorkwam.

'Ik heb nog iets voor jullie,' zei Liset.

Ze gaf ons allebei een enorme chocoladepaashaas.

'Nou, Lies! Wat enig! Wat ben je toch attent!' riep Gijsbert.

'Ja, wat vrolijk,' zei ik.

Buiten wilden we een supermarkt in om een flesje water te kopen voor de fietstocht die op de planning stond. Voor de winkel zat een zwerver.

'Zou hij net zo'n lekker paasontbijt hebben gehad als wij?' vroeg Gijsbert.

'We kunnen iets voor hem meenemen uit de supermarkt als jullie dat willen,' zei Liset.

'Och Lies, wat een goed idee!' zei Gijsbert.

Soms leek het net alsof Gijsbert en ik twee kinderen waren, onder begeleiding van Liset. Niet op een vervelende manier. Ik zag overal de humor van in als we met zijn drieën waren.

Ik opperde om mijn paashaas aan de zwerver te geven. 'Of vind je dat ondankbaar?' vroeg ik Liset. Ze zei van niet, we moesten zelf weten wat we met ons cadeau deden.

Ik liep op de zwerver af en vroeg hem of ik hem mijn paashaas mocht geven. Hij knikte en zegende me. Gijsbert wilde die van hem ook geven, maar Liset zei dat twee paashazen voor één zwerver wat veel was en dat we er nog genoeg tegenkwamen.

We deden boodschappen. Toen we weer buiten stonden zei Gijsbert dat hij ook zo graag zijn paashaas wilde doneren. Hij keek rond en zei: 'Die mevrouw die daar zit, die kan geloof ik wel een paashaas gebruiken.'

Liset kon hem nog net op tijd tegenhouden. 'Dat is geen zwerver, Gijs, dat is gewoon een oudere vrouw die aan het uitrusten is.'

Dit waren momenten die reizen met Gijsbert meer dan de moeite waard maakten.

We fietsten door Vancouver, we aten in restaurants – die ik de rest van de trip uitzocht –, we zaten op een terras met een groot glas bier, terwijl Liset vertelde wat we de komende dagen allemaal konden doen. Ik werd al moe bij de gedachte.

In de auto terug naar huis vertelde ze dat ze een superinteressante documentaire op Netflix had gezien. 'Het schijnt dus zo te zijn dat Hitler helemaal geen zelfmoord heeft gepleegd en nog jarenlang in Mexico heeft geleefd.'

Ik zat me op de achterbank te verkneukelen. Ik keek naar een prachtige clash.

Je had Gijsbert, docent geschiedenis, die alle feiten over de Holocaust kende, die er obsessief alles over las. En je had Liset, die door Gijsbert werd aanbeden omdat ze ongelofelijk lief en warm is voor hem, die hem ziet met zijn goede en slechte eigenschappen, maar hem nooit het gevoel geeft dat hij er niet mag zijn.

Gijsbert zei ooit tegen me: 'Je weet het, Stef, ik kus de grond onder haar voeten.'

En nu moest Gijsbert genuanceerd zien te reageren. Had ik zoiets gezegd, dan zou hij hebben geroepen: 'Stef! Wát! Krijg je wel genoeg zuurstof, fuckface?'

Maar nu zei hij, terwijl hij met zijn rechterhand het handvat boven het raam vasthield: 'O Lies, nee toch?'

'Gijs,' zei Liset vastberaden, 'het is echt waar. Het klopt allemaal wat ze zeggen, als je de feiten op een rij ziet is het echt bizar. Je weet niet wat je ziet.'

'O, Lies,' zei Gijsbert weer. 'Ik vind dit toch wel moeilijk om te geloven.'

Volgens Liset was het echt zo, en Liset had het laatste woord.


We gingen mee naar een avond wijnglazen schilderen met alle vrouwen uit de buurt, waar de vrouwen kirden van plezier omdat Gijsbert zei dat hij de wijnglazen voor zijn moeder maakte, 'because wine is her middle name'. Na het eten maakten we steeds een avondwandeling waarbij Gijsbert uiteraard hoopte op bruine beren. De kinderen van Liset hadden een bepaalde claxon op hun fiets voor het geval ze er een tegenkwamen.

We vierden ook Koningsdag bij Liset thuis, waarbij ze de hele buurt had gevraagd om in oranje te komen. Nadat ik even met een Amerikaan had staan praten, was ik Gijsbert kwijt.

Hij lag boven op bed tussen allerlei bonnetjes en

folders over Seattle, met in zijn rechterhand het boek *Een cadeautje van de Führer*.

'Kom je alsjeblieft weer naar beneden?' vroeg ik.

'Nee, te druk.'

De volgende ochtend werd ik laat wakker. Het was al halfnegen! Om negen uur zouden Gijsbert en ik met Tom een vlucht maken in een eenmotorig vliegtuig. Tom had een vliegbrevet.

Gijsbert zat gedoucht en wel achter een kom granola en een kop koffie en las een tijdschrift.

'Waarom heb je me niet wakker gemaakt?' vroeg ik. Mijn hart klopte van irritatie en nervositeit.

'Ik dacht: die slaapt weer eens uit,' zei Gijsbert.

Ik probeerde me niet op de kast te laten jagen, wat moeilijk is als je een opvliegend karakter hebt.

Mijn vader had me al eens afgeraden om te gaan vliegen met dit soort kleine vliegtuigen, omdat hiermee de meeste vliegongelukken gebeurden. Maar Gijsbert was al eens eerder met Tom mee geweest en zei dat het fantastisch was, en Liset had haar zonen al tientallen keren mee laten gaan zonder haar.

Ik moest er dus op vertrouwen dat ze wisten wat ze deden.

In de Tesla van Tom reden we erheen.

Drie personen konden erin.

Tom checkte alles, liep er meerdere keren omheen, en vulde een formulier in over het vliegtuig, en over ons.

'Er kan nog tweehonderdvijftig kilo bij, want ik heb voor honderdvijftig kilo getankt. Gijsbert, hoeveel weeg jij?'

Gijsbert: 'O, uhm. Ik heb me al een tijdje niet gewogen, maar ik denk achtennegentig.'

Tom noteerde achtennegentig kilo. Ik vond het vreemd dat hij dit niet wilde verifiëren.

'En jij, Stéphanie?'

'Zeventig,' zei ik. (Naar boven afgerond.)

Tom zei: 'Ik weeg tweeëntachtig, dus we komen echt net uit.'

Ik vroeg wat er gebeurde als een van ons toch meer bleek te wegen.

'Dan raak je uit evenwicht, dat kan gevaarlijk zijn.'

Ik keek naar Gijsbert.

'Wat is er?' vroeg hij.

'Weeg je echt maar achtennegentig?' vroeg ik.

'Stef!' zei hij verontwaardigd. 'Ja. Echt niet meer, hoor.'

Tom twijfelde blijkbaar niet en gaf ons instructies voor als we zo meteen de koptelefoon op kregen, we mochten bij het opstijgen en dalen alleen iets zeggen als het urgent was, want hij kreeg dan belangrijke instructies van de toren.

'Shall we go?'

Ik was totaal niet gerust op Gijsberts gewicht, maar als ik mijn zorgen erover zou uiten kon het nog wel eens beledigend worden. Ik dacht aan Aruba, het had me overdreven geleken dat Gijsbert niet met een automaat overweg kon, maar uiteindelijk waren we bijna dood. We hadden hier te maken met iemand die er soms een andere werkelijkheid op na hield.

'Jongens,' zei ik. 'Ik moet nog even naar de wc. Kan dat?'

'Wel een klein beetje opschieten,' zei Tom. 'We hebben een tijdslot.'

Ik rende naar de receptie, ik wilde mijn vader bellen om te vragen hoeveel Gijsbert volgens hem woog. Als hij 'boven de honderd' zou zeggen, zag ik van het hele plan af.

Mijn belbundel vergoedde geen gesprekken buiten de EU. Ik vroeg de receptioniste of er wifi was. Ze gaf me een briefje met de code.

Terwijl ik de code intoetste liep ik naar de wc.

Ik appte mijn vader: 'Ben je daar? Zeer urgente vraag!!!'

Het was 10.30 uur. In Nederland moest het iets van halfacht 's avonds zijn. Zijn laatst geziene tijd op WhatsApp was 05.40 uur.

Hij kwam niet online. Wat ging ik doen als hij niet opnam? Moest ik mijn leven wagen omdat ik Gijsbert niet voor het hoofd wilde stoten?

Mijn handen waren kletsnat.

Ik belde mijn vader op de normale manier en liet hem twee keer overgaan, daarna hing ik op.

Hij kwam online. 'Aan het typen,' stond er. 'Belde jij?'

Ik belde hem weer via WhatsApp. Hij nam op.

'Papa, hoeveel weegt Gijsbert, denk je?'

'Hoeveel Gijsbert weegt?'

'Ja!'

'Die zal toch snel zo'n achtennegentig kilo wegen.'

Ongelofelijk, dacht ik. Zouden ze het vaak over hun gewicht hebben? Ze waren allebei te zwaar.

'Niet meer, denk je? Ik dacht zelf aan honderdvijftien of zo.'

'Nee, ben je gek,' zei hij. 'Onder de honderd. Wat ga je doen?'

'Vertel ik je nog!'

We stegen op. Ik zat voorin, dat moest vanwege de juiste verdeling van het gewicht, Gijsbert met zijn achtennegentig kilo achterin.

Hij trok bibberig aan mijn hoofdsteun. Omdat we opstegen en Tom met de toren moest communiceren, mocht ik nog niks door mijn headset zeggen, anders zou ik hem vragen om onmiddellijk met dat irritante getrek te kappen, ik voelde me Abeltje in de glazen lift. Nergens houvast, en onder ons alleen maar water. Het leek onafgebroken turbulentie.

'Daar zie je het huis van Bill Gates,' zei Tom.

Hij keek naar me en stak zijn duim op als vraag. Vond ik het cool of vond ik het cool?

'Ja, leuk,' zei ik in mijn headset. Ik dacht: we moeten dit een uur uitzitten en hopen dat we niet ter aarde storten. Dat was het enige wat ik kon doen. Heel hard hopen.

'Zie je alles, Gijsbert?' vroeg Tom.

'Ja,' zei Gijsbert, zijn stem geknepen.

'Gijsbert?' vroeg ik. 'Kun je alsjeblieft van mijn hoofdsteun afblijven?'

Hij liet niet los, hij trilde als een riet.

Tom wees ons villa's aan van bekende Amerikanen, ik zag alleen maar water, bang dat elke beweging ons uit balans kon halen.

Liset liet haar kostbaarste bezit meegaan, daar bleef ik maar aan denken boven Downtown Seattle.

'Tom, ik wil terug.'

Het was Gijsbert in de rol van verlosser.

Tom keek om. 'Ben je bang?'

'Ja,' zei Gijsbert.

'Wil je terug?' vroeg Tom.

'Ja, terug.'

Ondanks mijn eigen angst beleefde ik plezier aan zijn staccato antwoorden.

Ik stak mijn duim op. Ik vond het best.

Een kwartier later stonden we weer aan de grond.

'O jongens, het spijt me, ik kreeg een angstaanval. Vond jij het niet eng, Stef?'

'Niet echt,' zei ik. 'Maar als jij bang bent is daar niks aan te doen.'

Gijsbert vertelde de hele rit naar huis hoe bang hij was geweest en welke gedachten er allemaal door hem heen waren geschoten.

'Dus het valt allemaal wel mee met je doodswens,' zei ik.

'Ja,' zei hij. 'Gek is dat, hè.'

Voor het eten lazen Gijsbert en ik languit een boek,
Liset deed boodschappen.

Eigenlijk hadden we tien dagen lang als Liset geleefd. We aten haar ontbijt, we haalden de kinderen
van school, Gijsbert en ik wachtten op haar in de
wachtkamer bij haar acupuncturist, we gingen mee
naar de Whole Foods.

's Avonds keken we samen naar *Ik vertrek*, we
deden een activiteit met haar vriendinnen, bezochten
Tom op zijn werk bij Microsoft. Het was de enige
manier waarop Gijsbert en ik samen vakantie konden vieren. Had ik ergernissen van deze omvang bij
een vriendin gehad, dan was de vriendschap allang
voorbij.


Vorige zomer is Liset verhuisd naar Connecticut.
Gijsbert legde de nadruk steeds op de laatste letter-
greep en kon het alleen op zijn Kerkraads uitspreken.

Ze was meteen weer geaard en was vier kilo kwijt
door een nieuw regime.

Misschien ging hij er komende paasvakantie weer
heen.

'Ga je dan mee, fuckface?'

'Ik denk van wel.'

# 5

## We hebben het over je gehad

Noor leerde ik kennen op een freelancewerkplek. Ze schreef stukken voor vrouwenbladen over ijsbaden, stilteretraites, en kindfulness, een variant op mindfulness. Onderwerpen met een hoog oestrogeengehalte, maar daar zag ik toen nog geen kwaad in. Noor was zesendertig. Ze was volwassen en hartelijk.

Ik was negenentwintig en zoekende. Ik had geen werk, op een paar doodsaaie copywritingklussen na. Ik had geen relatie, en ook geen vriendinnen met wie ik op zoek kon naar een relatie.

De twee vriendinnen met wie ik sinds mijn studententijd een drie-eenheid vormde waren in dezelfde maand, met vijf dagen verschil, uitgerekend. Ik dacht toen nog dat zoiets een geweldig toeval was, maar inmiddels weet ik dat er vrouwen zijn die met elkaar afspreken wanneer ze gaan beginnen.

Noor had nog nooit een relatie gehad.

'Ook niet voor een paar maanden?' vroeg ik.

Ze schudde haar hoofd. 'Mijn broers hebben ook geen relatie. We zeggen wel eens tegen mijn ouders dat ze zulke losers van kinderen hebben.' Ze lachte erom, een aanstekelijke, harde lach.

Een vriendin zei dat ze een achterblijfgevoel kreeg iedere keer als vrienden vertelden dat ze een huis hadden gekocht; ik had dat met vriendinnen die aankondigden dat ze zwanger waren.

Silvia zei dat niemand van haar vriendinnen op Sicilië zo'n leven had als mijn vriendinnen in Nederland. 'Jij zou je beter voelen,' zei ze. 'In Italië niemand heeft het leven op orde.'

Noor leek er niet mee te zitten dat ze single was.

'Schaam je je nooit?' vroeg ik.

Ze keek me verbaasd aan. 'Waarvoor?'


Ik kende Noor twee weken toen ze vroeg of ik zin had om na werktijd een glas wijn te drinken. We praatten non-stop. Ook over werk, want ik wilde ook schrijven. Noor was pas op haar tweeëndertigste begonnen met schrijven, ze had eerst Nederlandse les gegeven aan statushouders, maar omdat die haar adviezen nooit opvolgden had ze een burn-out gekregen. Daarna ging ze pas doen wat ze nu deed en dat was de inspiratie die ik nodig had.

Het was juli en er was een hittegolf. Al een paar dagen was het achtendertig graden.

Ik vertelde dat ik de zomers het ergst vond, het leek alsof je er iedere dag op uit moest en ik had simpelweg niet genoeg vrienden voorhanden.

Noor lachte haar aanstekelijke lach: 'Wat ben jij eerlijk!'

Noors vriendinnen waren allemaal ouder dan vier-

endertig, allemaal single, en stonden nog iedere vrijdagavond in de kroeg. Ze kenden elkaar van hun
tijd bij Minerva. Eenzame gevoelens zoals ik die beschreef kende ze niet. Ik dacht vaak aan het personage Barbara Covett uit *Notes on a Scandal*, een oude
vrijster gespeeld door Judi Dench, die met een sigaret
in bad ligt terwijl haar voice-over zegt dat sommige
mensen denken te weten wat eenzaamheid is, 'maar
van de tergende, eeuwige, eindeloze eenzaamheid
weten ze niets. Dat het hoogtepunt van het weekend
een bezoek aan de wasserette is.'

Ze zei dat ze me vanaf nu ging meevragen als ze de
kroeg in ging. 'En dan kijk je maar of je zin hebt.'

Ze had slechts een paar vriendinnen die al moeder waren, maar haar beste vriendinnen stonden nog
overeind. Ze zei ook: 'Naar kinderverjaardagen ga ik
niet. Daar heb ik een veto op.'

Noor en ik spraken twee, soms drie keer per week
af. Na werktijd gingen we naar een terras en in de
weekenden appten we ochtendenlang over columns
waaraan we ons ergerden, of we gingen ergens lunchen. We waren onbeheerst, ook in wat we bestelden.
Bij de lunch bestelde ze vaak een glas witte wijn zonder te kijken wat ik koos. Dat autonome sprak me
aan.

Op veel dingen die ik zei, reageerde ze schaterla-
chend met: 'Wat géést!'

In een nieuwe vriendschap zie je bepaald taalge-
bruik nog wel eens door de vingers; ze was goed pu-
bliek.

We kenden elkaar drie maanden toen we allebei vlak na elkaar jarig waren. Noor werd zevenendertig, ik dertig. Ik kocht een fles champagne in een wijnwinkel en schreef iets aardigs op een kaart waar ze zichtbaar content mee was.

Zij gaf mij een armband van verguld goud. Van de meeste vriendinnen kreeg ik ieder jaar een notitieboekje, omdat ik eens had laten vallen dat ik een enorme liefde voor notitieboekjes had.

Ik was trots dat ze zagen dat ik van een nieuwe vriendin zoiets moois kreeg, dat zette de boel weer even op scherp.

Op die freelancewerkplek zat ik het merendeel van de tijd te lummelen, soms schreef ik teksten voor Red Bull waarmee ik een smak geld verdiende en weer even vooruit kon. Ik schreef ook stukjes voor op mijn website in de hoop vanzelf gebeld te worden door uitgevers.

Ik keek af hoe Noor haar onderwerpen pitchte aan bladen, en dacht na over eigen schrijfideeën.

Noor ging voor drie maanden als interim-eindredacteur op de redactie van een krant werken, en was nog maar één dag per week op onze werkplek. Bij die krant ontmoette ze Marcel, een vijftien jaar oudere man met een sjaaltje.

Ze had na een werkborrel met hem gezoend en zelfs een beetje meer, en had eerst spijt om verschillende redenen. Ze vertelde me dat ze zelfs een beetje van hem walgde, onder andere door dat sjaaltje, en vroeg me wat ze in godsnaam op zijn flirterige appjes moest antwoorden. Ik zei dat ze moest typen dat haar ratio het weer overnam van haar gevoel en dat het niet handig was om op kantoor een verhouding te beginnen.

Een week later waren ze officieel samen. Ze heeft me nooit goed kunnen uitleggen hoe die tussenfase eruitzag, maar ik was blij voor haar, want ze was er erg gelukkig mee.

Minder leuk vond ik dat ze hem had verteld dat ik degene was die dat appje had bedacht. Marcel zei steeds dat ze even 'haar ratio' moest raadplegen als hij vroeg of ze zin had om ergens mee naartoe te gaan.

'Jij bent ons grapje,' zei ze.

Waarschijnlijk had Marcel die tekst belachelijk gemaakt en had het Noor enorm opgewonden dat hij er de draak mee stak, vooral omdat ze kon zeggen dat ze het niet zelf had bedacht.

Ik had intussen bij *Volkskrant Magazine* het idee gepitcht om verslag te doen van een singlereis. Noor had me het juiste mailadres gegeven.

Na een paar weken kreeg ik een mail terug, ze vroegen of ik naar de redactie wilde komen om kennis te maken, ze hadden stukken op mijn website gelezen en zagen mijn idee voor zich.

Noor was de eerste die ik belde na het gesprek bij *de Volkskrant*. Ik mocht een organisatie en een vakantie uitzoeken. Je had skivakanties voor singles, wandelvakanties, strandvakanties en –

'Strandvakantie!' riep Noor lachend uit. 'Veel naakt,

lekker warm. Nogal een goede setting voor je stuk.'

Ik had gekozen voor een strandvakantie op het eiland Brač in Kroatië. Om vijf uur 's ochtends zou ik me moeten melden bij de groep op Rotterdam Airport.

Ik zei dat ik niet wist hoe ik om vijf uur in Rotterdam kwam.

'Ik breng je!' zei Noor.

'Serieus?'

'Ik wil die types zien.'


Mijn eerste publicatie werd een succes. Ik kreeg twee mails van uitgevers die interesse hadden in een boek, en tientallen complimenten per app, alsof ik jarig was. In een café spraken mensen aan het tafeltje naast me over het stuk.

Ik kreeg ook een mail van de Hogeschool Utrecht met de vraag of ik misschien een gastcollege wilde geven over het schrijven van een goede reportage.

Toen ik het aan Noor vertelde, moest ze weer eens onbedaarlijk hard lachen.

'Voor dat soort dingen wordt Marcel ook gevraagd, die zit alleen íetsjes langer in het vak.'

Het was voor het eerst dat ik iets van jaloezie dacht te voelen. Ik hoopte dat het daarbij bleef, want ik was altijd als de dood voor afgunst en alle gevolgen van dien.


Het was december. We kenden elkaar alweer een halfjaar en zagen elkaar dagelijks. Ze vroeg me mee voor een weekend Noordwijk met twee vriendinnen van haar. Haar ouders hadden er vijf jaar terug een huis gekocht waar iedereen gebruik van mocht maken.

'Maar ik heb je vriendinnen maar heel kort op je verjaardag gezien,' zei ik.

'Ja, nou en! Jullie vinden elkaar leuk, dat weet ik duizend procent zeker.'

Noor ging al op vrijdagmiddag, ik zou later aansluiten. Ik vroeg welke bus ik het beste kon nemen.

Harde lach. 'Wees maar niet bang, ik kom je halen, prinses.'

In het woord 'prinses' dacht ik lichte ergernis te horen.

Ik ontmoette Florine en Liselore, ze zaten in gemakkelijke kleding voor de open haard op een bank met bloemenmotief. De hele inrichting moest doorgaan voor een Engelse landhuisstijl, maar dan op zijn Amerikaans.

Florine las het boek *Weg van liefde* van Alain de Botton. Ik dacht haar al te kennen van gezicht, ze had lichte ogen en donkerblond haar tot op haar schouders, maar zij kende mij niet, zei ze. Iets later vertelde ze dat ze de dag ervoor een tenniswedstrijd had gewonnen, en dat ze na afloop met een biertje bij de tegenstander en diens vader was gaan staan, en dat die vader in het bijzijn van Florine zei: 'Ik had helemaal niet het idee dat die tegenstander zo goed was.'

Ze had misschien een doorsnee gezicht, wil ik maar zeggen.

Het was een fijn weekend, alsof ik ze alle drie al

kende. Voor de eerste avond had Noor allerlei gerechten bij de traiteur gehaald, waar vooral Liselore en ik veel van aten. We hadden allemaal een eigen slaapkamer. Noor liep continu in een witte herenslip van Marcel door het huis, zo een met een flapje aan de voorkant. Sommige vrouwen raken een beetje buiten zinnen van een nieuwe relatie.

We lazen wat, we dronken koffie, wandelden over de boulevard en gingen weer in joggingbroek op de verwarmde veranda zitten. Florine was niet alleen openlijk op zoek naar een relatie, ze was bezeten van het onderwerp liefde. Ze koppelde mensen die ze kende aan elkaar. Voor vijftig euro gingen ze twee keer op date. Mensen moesten contant afrekenen. Er was één vriend die ze aan iedere vriendin had proberen te koppelen, zonder succes, de ex van Liselore.

Liselore was sinds een maand verloofd met een man die managing partner bij een bank was, in zijn vrije tijd maakte hij ecosystemen van elke vaas die hij tegenkwam. Ze vertelde dat ze pas door hem inzag wat voor een lambal haar ex was, alleen bier had zijn interesse.

Ik zei dat ik zo'n zelfde ex had. Mijn vader zei een keer over een ober in een restaurant dat je aan zijn loopje kon zien dat hij alcoholist was. 'Pas achteraf zag ik in dat hij me er subtiel op wilde wijzen dat mijn ex exact hetzelfde loopje had.'

'Hm, bestaat zo'n loopje echt?' vroeg Liselore. 'Dat geloof ik bijna niet.'

'Nee. Nogal vergezocht,' zei Noor beslist. 'Sorry.'

Het woord 'nogal' werd door Noor overal voor geplaatst. Nogal leuk, nogal bijzonder, nogal een mooi type.

'Het zou toch kunnen?' zei Florine, ze keek me triomfantelijk aan met haar felblauwe ogen.

Daarna gingen ze verder met keuvelen, terwijl ik nadacht over Noors 'sorry'. Ergerde ze zich aan me? Was ik overgevoelig?

Pas veel later zou ik erachter komen dat Noor in gezelschappen altijd iets stekeligs kreeg tegenover mij. Dat soort mensen heb je, die zijn een-op-een leuk en lief, maar vallen je af zodra er anderen bij zijn.

'Ataxie heet het,' zei ik de volgende ochtend aan het ontbijt. 'Dat loopje dat je krijgt als je lange tijd enorme hoeveelheden alcohol drinkt.'

Noor schaterde het uit, alsof ik terugkwam op iets kinderachtigs. 'Nou, dan heb jij gelijk, Steef.'

Noor en Liselore bleven tot maandag, Florine en ik wilden zondagavond al naar huis. We namen samen de bus en de trein naar Amsterdam. Loom en stil zaten we tegenover elkaar in de trein, af en toe zeiden we iets. De stiltes voelden zo comfortabel, alsof we vaker een weekend weg geweest waren. Het bleek ook dat Florine het als gemakkelijk ervoer, want bij het afscheid zei ze dat we snel eens samen moesten afspreken.

Noor en ik boekten eerst nog een vierdaagse reis naar New York.

We zaten op onze werkplek en ik geloof dat ik het

voor de grap opperde omdat ik een KLM-aanbieding zag, en zij het daadwerkelijk wilde doen. Noor stelde voor om onze kantoorgenoot mee te vragen, een lieve, rustige moeder, even oud als Noor. Ik was er niet helemaal gerust op, omdat ik zo'n intercontinentale trip met alleen vrouwen eng vond. Onze kantoorgenoot vond tripjes met vrouwen ook eng, merkte ik toen we haar meevroegen, maar we bezwoeren elkaar dat het goed kwam. Iedereen kon gewoon aangeven wat zij wilde en er was altijd ruimte om je terug te trekken.

New York viel tegen. Ik geloof dat we rond negen uur in de ochtend aankwamen, in een bedompte Airbnb. Ik had in eerste instantie een kamer in het Marriott geboekt voor zeshonderd dollar voor drie nachten, maar zowel Noor als onze kantoorgenoot gaf de voorkeur aan deze Airbnb, die er op de foto's al verschrikkelijk slordig uitzag, dekbedovertrekken in verschillende vale kleuren en een badkamer met vergeelde tegels, maar zij vonden het leuk om te zien hoe de locals leefden. Nou, ronduit armoedig.

'Ik vind dat je met Airbnb meer de sfeer van een stad meekrijgt,' zei onze kantoorgenoot, en Noor zei dat ze dat 'heel eerlijk gezegd' ook zo voelde.

Ik dacht alleen: mensen zijn knettergek.

Ik had het Marriott dus gecanceld en Noor boekte – voor negentig dollar meer – deze Airbnb op een steenworp afstand van het Marriott. Het ging dus niet ook nog om een andere wijk, de wijk was goed.

Er was een tweepersoonsbed, waarover Noor direct zei dat dat voor onze kantoorgenoot was vanwege haar tinnitus. In het midden van de kleine kamer lag een aerobed en onder een beduimeld raam stond een eenpersoonsbed met een heel vies gehaakt dekentje. Omdat ik in het vliegtuig al had geroepen dat ik niet op een luchtbed ging slapen – als het aan mij had gelegen sliepen we namelijk alle drie in een lekker bed – moest ik op het eenpersoonsbed. Eronder lagen gebruikte zakdoekjes. Het was allemaal extra erg omdat zij deden alsof ze het niet erg vonden en dingen zeiden als: 'Het is maar voor drie nachten.'

Al was het voor één nacht. Weinig mensen lijken te begrijpen hoe belangrijk je uitvalsbasis is in een andere stad. Niks is zo lekker als op een groot schoon bed te ploffen in de middag om een dutje te doen, om je daarna mooi te maken voor de avond, in een lekker ruime badkamer.

Vreselijk vond ik het, ik moest mijn best doen mijn slechte humeur te verbergen. Alleen toen we met de Uber langs het glanzend schone Marriott reden, kon ik me niet inhouden en zei: 'Kijk, dit is het hotel dat ik had geboekt.'

Ze moesten lachen om mijn sneer.

Wat ik ook moeilijk vond was dat Noor altijd al weinig at, en de jetlag aangreep om helemaal niks meer te eten. Daardoor wilde ze de eerste avond niet uit eten, ze wilde alleen een glas wijn in een bar. De kantoorgenoot was het daarmee eens. Ik had een beetje spijt van die kantoorgenoot, want ik delfde steeds het onderspit.

In de nacht begonnen mijn niesaanvallen. Niezen,

niezen, niezen. Ik was wakker geworden van kriebel in mijn neus. Tussendoor sliep ik licht. Rond zes uur 's ochtends was het niet meer te houden. Ik nieste aan een stuk door, mijn ogen jeukten. Toen ik de andere twee wakker had geniest, vroeg ik aan Noor of het een idee was om een klacht in te dienen over het appartement.

'Uhm, néé,' zei ze ferm, terwijl ze naar de wc liep in weer zo'n herenslip van Marcel met dat flapje bij het kruis, waardoor het leek alsof de rek er bij haar schede een beetje uit was.

'Waarom niet?' vroeg ik voorzichtig, want ik schrok van haar felheid.

'Ik ga echt geen klacht indienen. Niet terwijl we er zijn.'

'Wanneer dan?' vroeg ik.

'Uhm, thuis?'

Mijn hart bonsde.

De kantoorgenoot zat rechtop in bed en wist zich geen houding te geven.

Een paar minuten later probeerde ik zo achteloos mogelijk door te vragen: 'Maar waarom pas thuis?'

'Omdat ik niet op vakantie al een klacht ga indienen!'

Ik dacht even na.

'Maar als je een hamburger bestelt die te rood is, dan eet je hem toch ook niet op voordat je hem terugstuurt?'

'Yep, goed punt,' zei ze. 'Maar dan doe ik het vanavond, niet nu.'

Ik zei het ook te willen doen, we moesten toch wachten op elkaar tot we gedoucht waren, maar ik was niet degene die geboekt had, alleen zij kon de eigenaar een bericht sturen.

Nadat Noor die avond een klacht had ingediend over de hoeveelheid stof in het appartement en de zakdoekjes onder mijn bed, zei de eigenaar de volgende ochtend een schoonmaakster te sturen. Eerst nog een nachtje niezen.

Op het vliegveld zei de kantoorgenoot: 'Dames, ik durf het jullie nu wel te vertellen. Ik heb vannacht een rat gehoord in de keuken.'

Noors reactie liet zich raden. Eerst lachte ze onbedaarlijk hard, en toen ze uitgelachen was, zei ze: 'Nogal geestig.'

Thuis in Amsterdam vroeg Noor in de appgroep New York Office Trip of de kantoorgenoot en ik zin hadden in een reünie.

In mijn bijzijn zei ze dat ze nu eindelijk konden dubbeldaten. Ik zat er wat ongemakkelijk bij toen ze de agenda's erbij pakten. Noor had geen enkele gêne om te laten zien dat ze haar nieuwe relatie als een enorme verrijking in haar leven zag. Wat nu als dat sjaaltje het dadelijk uitmaakt, dacht ik steeds, dan moet je weer doen alsof je het in je eentje ook hartstikke prima vindt.

We spraken over het zoontje van onze kantoorgenoot dat continu zijn broek naar beneden deed in gezelschap en over de boze mail die haar man, theaterrecensent, van een actrice had gekregen. Ze wilde vertellen wat er in de mail stond, ik was een en al oor, maar kreeg een appmelding. Ik pakte mijn telefoon uit mijn jaszak om het geluid uit te zetten, maar ik raakte afgeleid en las snel wat er –

Onverwachts, totaal uit het niets, kreeg ik een pets tegen mijn voorhoofd.

Ik keek op.

Noor.

'Gaf je me een pets?' vroeg ik verbouwereerd.

'Uhm, já!' zei Noor en ze wees met haar hoofd naar onze kantoorgenoot. 'Ze was een verhaal aan het vertellen!'

'Ik ging mijn geluid uitzetten,' reageerde ik. 'Ik wilde juist horen wat ze ging vertellen!'

'Ah, Steef,' zei onze kantoorgenoot, die een kleur had. 'Het maakt mij echt niks uit, je hoeft echt niet naar mijn verhaal te luisteren, hoor.'

'Jawel!' zei ik. 'Ik wilde mijn telefoon uitzetten.' En ik richtte me tot Noor toen ik zei: 'Maar jij gaat mij toch niet zomaar slaan?'

Noor lachte als altijd haar harde lach. 'Nogal schattig hoe kwaad je wordt.'

'Ja, alsof je dat bij anderen zou doen,' zei ik. Want dat vond ik het pijnlijkste, dat mensen dingen bij mij durfden te doen die ze bij een ander nooit zouden doen.

'Ik had het niet moeten doen,' zei Noor. En toen: 'Maar het was wel lekker.'

Ik liet Noor even links liggen. Florine nodigde me uit voor een speeddate-event dat ze organiseerde. 'Eigenlijk is het geen vraag,' appte ze, 'maar een vrij dwingend verzoek. Ik kom knappe mensen tekort.' En toen ik niet direct antwoordde: 'Daarna ga ik je op een cocktail trakteren!'

Het was een bijzonder gezellige avond. De volgende dag appte ze of ik zin had in een salade bij haar thuis. Florine was naar eigen zeggen van het 'consuminderen' in horeca. Ze ging zelden uit eten en at iedere avond hetzelfde: rijst met tofu en twee soorten groenten.

Nog voordat we een hap van de salade hadden genomen sloten we een pact: zonder tegenbericht zouden we iedere vrijdag de kroeg in gaan.

De eerste keer hadden we Noor meegevraagd, maar die zegde op het laatste moment af omdat ze liever bij Marcel op de bank bleef. De keer daarna sloot ze pas laat op de avond aan – in een lichtgrijze joggingbroek; ze was immers bezet.

Florine en ik waren goed op elkaar ingespeeld als het ging om gesprekken met vreemden. Noor beleefde er weinig plezier aan, wat het voor ons minder leuk maakte.

In de avonden appte Florine wel eens of ik 'een theetje' kwam doen. Ze woonde zes minuten bij mij vandaan. Het voelde alsof ik een goudmijn van leuke mensen had aangeboord, ik moest alleen opletten dat ik hun uitspraken niet klakkeloos overnam. Ik gebruikte ineens het woord 'geinig' omdat Florine continu 'wat gènag' op zijn plat Haags zei. Ze ging ook mee naar mijn bootcampklasje in het Vondelpark. De eerste keer stond ze tussen een groep zwangere vrouwen te squatten omdat ze dacht dat dat mijn klasje was. Ik vond in haar mijn meerdere als het ging om sociaal onhandige situaties.

Als ik bij vriendinnen op kraambezoek was geweest ging ik daarna stoom afblazen bij Florine, die al gepokt en gemazeld was op dat gebied.

De keer dat ik met twee vriendinnen een nieuw huis van een vriendin van ons ging bekijken, en ze het alle drie met evenveel interesse zeker vijf minuten over de plaatsing van de gordijnrails hadden, werd ik overspoeld door een eenzaamheid die ik daarna nooit meer zo erg heb gevoeld.

Florine begreep dit allemaal.

We gingen meerdere keren per week de terrassen af, we tennisten, bleven hangen op de tennisclub, gingen naar de film en naar het strand. Op het terras bij Brandstof zagen we Noor drie tafels verderop boven een kop soep en de krant. We zaten er al een halfuur. 'Nou,' zei Florine. 'Wat gènag!'

'Noor!' riepen we.

Noor keek op en lachte hard. 'Wat géést ig! Hoelang zitten jullie me al te bekijken?'

We vroegen of ze bij ons kwam zitten, maar dat wilde ze niet, ze was rustig de krant aan het lezen.

Toch voelde het ongemakkelijk.

Daarna kwam het nog een keer voor dat Florine en

ik ergens lunchten en Noor langsfietste. Noor weer lachen.

'Zou Noor het eigenlijk vervelend vinden dat we zoveel met elkaar afspreken?' vroeg ik Florine.

'Weet ik niet,' zei ze tot mijn verbazing.

We deden ook nog veel samen, Noor, Florine, Liselore en ik. We vierden Koningsdag, Bevrijdingsdag en Pasen. Soms gingen we uit eten op vrijdagavond in plaats van naar de kroeg.

We zaten in een Spaanse tapasbar en hadden het over fouten maken op je werk. We lachten zo hard dat een vrouw aan de tafel naast ons vroeg of we minder lawaai konden maken, ze had hoofdpijn. Een vrouwelijke ober kwam aanlopen met gegrilde octopus en wierp hem per abuis in de schoot van Noor. Noors witte blouse zat volledig onder het vet en tussen haar benen lagen drie tentakels.

Ze schaterde het uit. 'Nee, wat gééstig!'

Tussen het lachen door probeerde ze aan de ober uit te leggen waarom het zo grappig was. Ongelofelijk, dacht ik, dat iemand zo'n groot incasseringsvermogen heeft.

Noor was makkelijk. Deze hele groep was dat: er was altijd iemand die zin had, die tijd had, maar ook de gesprekken waren makkelijk, de omgang met elkaar. Alles was zo jaloersmakend simpel. Jaloersmakend omdat het nooit volledig mijn eigen vriendinnengroep zou worden, daarvoor kenden zij elkaar al te lang.

Liselore, die ik tot dan steeds ontmoette met Noor en Florine erbij, benaderde me op een zondagmiddag met de vraag: 'Zin om te lunchen?'

'Ik ga naar de film,' appte ik terug. 'Je kunt nog mee!'

De film begon over een kwartier, dus het was eerder voor de vorm om haar mee te vragen dan een serieus voorstel, maar Liselore liet zich niet afschrikken door een beetje haast en zei: 'Gezellig! Tot zo!'

Liselore was fan van me. Dat liet ze merken door me iedere ochtend voor haar werk te bellen en iedere avond. Achteraf gezien had ik er goed aan gedaan om niet mee te gaan in dit bandeloze gedrag, maar ik kon mijn plotselinge populariteit niet weerstaan en was bang dat ze afhaakte als ik niet meedeed in het enthousiasme. Ik belde haar daarom ook uit mezelf om te laten merken dat ik niet terugdeinsde voor zo veel spontaniteit.

Ze nodigde me meerdere keren uit bij haar thuis, een grachtenpand met een tuin, waar ze allerlei lekkere dingen uitserveerde die ze op zaterdagochtend op de markt had gehaald. Ik zag de ecosystemen van haar verloofde; glazen potten met groene plantjes erin. De condens belemmerde grotendeels het zicht op de wildgroei binnenin.

Florine bleef onder alle omstandigheden mijn favoriet, ook nu ze sinds kort iemand had ontmoet. Ze was smoorverliefd en druk met *hard to get* spelen. Ze liet vaak hele middagen haar telefoon thuis zodat ze niet meteen op zijn appjes kon reageren.

'O, Steefie,' verzuchtte ze meerdere keren. 'Ik ben zo intens gelukkig.'

Het leuke aan Florine was dat ze nog steeds iedere vrijdag een biertje wilde drinken in de kroeg, in tegenstelling tot andere vriendinnen, wat ik ze wel eens kwalijk nam.

Al kwam het bij Florine misschien ook doordat hij in een buitenwijk van Utrecht woonde en een hekel had aan Amsterdam.

Als het echt serieus bleef, moest ze in Utrecht gaan wonen, en ze had me toevertrouwd dat ze daartoe in staat was.


Ik wilde een maand naar een andere stad gaan om te schrijven. Ik was toen nog in de veronderstelling dat schrijven op een andere plek vanzelf ging.

Via Facebook deed ik een oproep of iemand een plek wist om te verblijven. Via via kwam ik terecht op de Boulevard Saint-Germain in Parijs, in een prachtig pand, waar ze toevallig tijdelijk een huisgenoot zochten. Ik kon er drie weken verblijven en woonde samen met een Nederlands stel dat overdag werkte.

Voor de weekenden wilde ik vriendinnen vragen om te komen. Noor kon niet, ze ging al twee weken naar Sicilië met Marcel.

Florine twijfelde, maar kon niet zeggen waarom.

'Vind je het vervelend ten opzichte van Noor?' vroeg ik.

'Ook,' zei ze.

'Maar Noor kan niet, dan vindt ze het toch zeker niet raar als jij wel gaat? Je kunt mensen niet claimen.'

Florine had glazig voor zich uit gestaard toen ik het zei. 's Avonds appte ze dat ik iemand anders moest vragen.

Ik vroeg een goede vriendin om een weekend langs te komen, die direct 'ja' zei. Ik voelde me schuldig dat ik haar niet als eerste had gevraagd, maar het kwam door de nieuwigheid van Florine en Noor. Die moest er nog af.

De andere weekenden liet ik open, ook op advies van Noor, die zei dat ik niet alles moest dichttimmeren.

Tot Liselore me belde. Ze wilde me iets vragen en ik moest heel eerlijk antwoorden. Ze had via Florine gehoord dat ik naar Parijs ging.

'Ik zou met mijn zussen mijn bruidsjurk in Parijs uitzoeken, maar ik vind het misschien wel fijn om het met iemand te doen die ik nog niet zo goed ken.'

Ik probeerde me voor te stellen hoe het zou zijn om Liselore in Parijs over de vloer te hebben en dacht: waarom niet?

Enige reserves heb ik geloof ik wel gevoeld, net als bij het iedere dag bellen, maar dat was iets wat ik vooral achteraf besefte.

Liselore zei maar één nacht te komen. Eén dag en één nacht.

Omdat we allebei van eten hielden, zei ik dat ik vast een goed restaurant zou reserveren.

De dag daarna stonden Noor, Florine en ik op het terras bij Hoppe. Marcel was er ook bij. Marcel en zij hadden nooit ruzie volgens Noor, wat kwam doordat ze slecht was in ruziemaken. En ze kende naar eigen zeggen geen jaloezie. 'Geinig hè, ik ken het gevoel gewoon niet eens.' Ze was bijvoorbeeld ook niet jaloers dat hij nog met zijn ex-vrouw op vakantie ging.

Anderen vonden het gek, maar het maakte haar echt niks uit. 'Ze hebben een kind samen.'

'Maar hun zoon gaat toch niet mee op die vakanties?'

'Nee, dat niet,' zei ze. 'Maar ze zijn wel zijn ouders.'

Ik denk dat Noor zo ontzettend blij was met haar eerste relatie dat ze hem geen strobreed in de weg wilde leggen. Dat van die ex-vrouw klopte in ieder geval voor geen meter, want toen die ex er lucht van kreeg dat Marcel een nieuwe vriendin had en een weekend met Noor naar Antwerpen ging, had ze twintig condooms in zijn toilettas gestopt.

Noor vroeg wie er allemaal langs zouden komen in Parijs.

'Dat vergeet ik bijna te vertellen!' zei ik. 'Liselore komt me bezoeken.'

Noor hield zich vast aan de statafel om te lachen.

'Nogal hysterisch.'

Ik lachte mee, ik vond het ook impulsief. Marcel zei nog iets over vrouwen en spontaniteit, dat zoiets bij mannen nooit echt op die manier voorkwam.

Florine glimlachte, maar zei niks. Ze dronk ook trager dan normaal van haar bier, maar ik dacht dat

dat was omdat ze de volgende dag om negen uur 's ochtends een tenniswedstrijd had.

Het weekend erop gingen Noor, Florine en een goede vriendin van hen, Noors beste vriendin zoals ze er altijd bij zei – ze had veel beste vriendinnen –, naar Noordwijk. Een paar weken geleden had die beste vriendin gehoord dat ze borstkanker had, ze was achtendertig, en zat midden in haar chemokuur. De diagnose was gunstig, maar het was natuurlijk ramp-zalig, ook omdat ze net iemand had leren kennen.

Omdat de vriendin zich uiteindelijk te zwak voel-de, vroeg Noor of ik zin had om mee te gaan. Ik be-dankte haar voor het aanbod, het kwam me slecht uit met een nieuwe opdracht.

'Je kunt ook daar schrijven, we hebben nogal ge-noeg ruimte,' zei ze.

Ik zei dat zoiets voor mij niet werkte, ik zou me niet kunnen concentreren.

Noor zei: 'Maar ik kom je ophalen met de auto.'

Ik vond het vleiend dat ze me er zo graag bij wilde hebben, maar was vastberaden om thuis te blijven.

Maar Noor stond erop. 'Echt, ik moet ook schrij-ven, en Florine moet allemaal dingen voorberei-den.' Florine was als decaan aangenomen op een pri-véschool.

'Dus we trekken ons allemaal op een zeker mo-ment terug, maar 's avonds kunnen we lekker samen wijn drinken.'

Ik ging overstag.

Wat een geluk had ik toch. Een jaar geleden moest ik ieder weekend zoeken naar vertier, en nu werd het me van alle kanten aangeboden, opgedrongen zelfs. Ze vonden me nu eenmaal geweldig.

In de appgroep met Florine typte Noor: 'Steef gaat mee!'

Ik typte iets uitbundigs terug.

Een halfuur later ging de telefoon: Noor.

'Steef, Aletta voelt zich toch goed genoeg om mee te gaan, dus dan moet ik jou afzeggen, sorry. We willen echt even alleen zijn met haar.'

Wat ik had moeten zeggen, was: 'Geen enkel probleem, ik begrijp het volkomen,' maar zover was ik toen nog niet in mijn ontwikkeling.

Wat ik zei was: 'Oké. Veel plezier.'


Florine appte me later dat weekend een-op-een dat ze het jammer vond dat ik er niet bij kon zijn en dat we snel weer samen de hort op gingen. Noor appte een-op-een: 'Volgende keer ga je weer gewoon mee naar Noordwijk, hoor! X'


Die week erna appte ik Florine of ze zin had om bij mij te komen eten. Zes uur later appte ze terug. 'Was met vriendin op tennisbaan, helaas.'

Na al ons intensieve geapp van de laatste maanden dacht ik te merken dat er iets was. Zoals je in een relatie ineens kunt voelen dat de ander zijn interesse is verloren.

'Vrijdag Hoppe?' appte ik terug, in de hoop dat ze

als vanzelfsprekend 'ja' zei, maar ze appte: 'Heb al afgesproken.' En erachteraan: 'Maar jij veel plezier!'

Er zat haar iets dwars, zoveel was duidelijk. Ik besloot haar een paar dagen te laten.

Ik hoorde niks van haar in de tussentijd. Toch
wilde ik niet geloven dat Florine, die me iedere week
meevroeg naar van alles en nog wat, die er alles aan
deed om me over te halen als ik een keer niet kon, die
me steevast 'Steefie' noemde, daadwerkelijk afstand
nam, en appte haar een week later of ze meeging naar
de film.

Voor de derde keer reageerde ze vriendelijk, maar
afwijzend. Ik had haar tactiek door: ze wilde de
vriendschap subtiel laten doodbloeden, maar net niet
subtiel genoeg dat ik er niets van zou merken.

Ik vermoedde dat het iets te maken had met de intensieve omgang met Liselore. Liselore had me eerder al toevertrouwd dat Florine raar deed. Ze was
iets gaan drinken met Florine, en wilde ons op dinsdagavond uitnodigen om te komen eten. Florine zei
dat ze niet kon op dinsdagavond. 'Vervolgens komt
ze iemand van haar tennisclub tegen,' zei Liselore, 'en
vraagt die persoon, waar ik bij ben, om bij haar te
komen eten. Op dinsdagavond!'

Ik kreeg een knoop in mijn maag van dit verhaal.


Twee dagen later zou ik naar Parijs gaan. Florine
deed duidelijk niet meer haar best om nog af te spreken, maar leek wel graag aandacht te willen door
enkele ongebruikelijke berichten naar me te sturen.

Als een soort pufjes van rooksignalen.

Het was eigenlijk mijn eer te na om haar te vragen wat er was, maar omdat Noor en Liselore er indirect bij betrokken waren, was het beter om dit even uit te spreken voordat het een eigen leven ging leiden.

Ik appte haar dat ik me afvroeg of ze ergens mee zat, en dat ik het fijn zou vinden als ze dat benoemde. 'Want de manier waarop je het nu laat blijken geeft me een vervelend gevoel.'

Ze had mijn bericht gezien, er stonden twee blauwe vinkjes, maar het zou nog een dag duren voordat ze me antwoordde.


De dag voor mijn vertrek lunchte ik met een vriendin en vertelde haar wat ik op mijn lever had. Ik was zenuwachtig, niet alleen voor Parijs. Ik keek continu op mijn telefoon. Wat als Florine me om de een of andere reden nooit meer zou antwoorden?

De vriendin schudde haar hoofd. Ze zou me heus wel antwoorden, waarschijnlijk zou Florine me er straks over bellen. 'Dan heb je even zo'n ellendig gesprek, maar dan kun je tenminste weer verder.'

Na de lunch bracht ze me naar het station.

In de auto keek ik voor de zoveelste keer op mijn telefoon. Bericht van Florine. Ik zag alleen de eerste paar regels.

'Hoi Steef, goed dat je ernaar vraagt, ik begrijp dat het voor jou ook vervelend is.'

Ik wachtte met openen tot ik alleen was. Van schrik en ongeduld had ik een verhoogde hartslag.

Ik zwaaide de vriendin uit en opende WhatsApp. Florine was online.

Ze schreef dat ze er 'ook' wakker van had gelegen, dat ze het 'misschien' eerder tegen me had moeten zeggen, maar dat ze de vriendschap tussen mij en Liselore als beklemmend ervoer. 'Het voelt voor mij alsof je te veel in mijn *personal space* komt. Ik heb daarom besloten het hierbij te laten.' Ze sloot af met: 'Parijs wordt leuk! Heel veel plezier!'

Ik schrok me dood en las het nog een keer.

Ik had zelden zulke misplaatste uitroeptekens gezien. 'Parijs wordt leuk!'

Ik liet de eerstvolgende trein gaan, ging op een bankje op het perron zitten en belde Liselore. Ik vertelde wat Florine me had geappt.

'Jeetje,' zei ze. 'Florine heeft me geen enkele keer verteld dat ze hiervan wakker lag, terwijl we al achttien jaar bevriend zijn!'

'Ja, gek,' zei ik.

'En Florine is zelf iemand die altijd en overal vrienden maakt. Als ze iemand één keer op de tennisbaan heeft gezien nodigt ze diegene al meteen bij haar thuis uit!'

Het deed me goed dat Liselore er geïrriteerd van raakte. Maar toen zei ze: 'Ik kom dan niet meer naar Parijs.'

'Maar dat was toch jouw idee?' zei ik. 'Nu lijkt het net alsof ik je heb overgehaald.'

Maar zo zag Liselore het niet, ze ging proberen te redden wat er te redden viel.

Liselore belde me die avond.

'En?' vroeg ik. 'Heb je Florine gesproken?'

'Ja,' zei ze. 'Maar het lijkt me niet handig om het hier steeds over te hebben, en ik weet dat jij zoiets begrijpt.'

Een slim zinnetje.

'Hoe was je dag?' vroeg Liselore. 'Heb je toch nog een beetje kunnen genieten?'

Het gaf me een onaangenaam gevoel dat het leek alsof ze Florine ineens heel redelijk vond. Ik vroeg me af hoe Noor in dit hele verhaal stond, als ze er al van afwist.


Ik belde met twee vriendinnen om mijn hart te luchten. Allebei zeiden ze dat Florine jaloers was en graag de spil wilde zijn in het gezelschap.

Van Liselore hoorde ik niets meer. Pas toen ik drie dagen in Parijs was, belde ze weer eens.

'Hoe is het daar?'

'Fijn,' zei ik.

Het was helemaal niet fijn, ik wilde het liefst thuis zijn in Amsterdam. In je eentje door een andere stad dolen in anonimiteit is fijn als je je sterk voelt, als je weet dat je gemist wordt in je thuisstad, dat er mensen nieuwsgierig zijn naar wat je meemaakt.

'Hoe zien je dagen eruit?' vroeg ze opgewekt, alsof er niks aan de hand was.

Ik deed het voorkomen alsof ik 's ochtends al met een baguette onder mijn arm een kop koffie ging halen, op een terras een boek las, mijn laptop openklapte en het boek zichzelf schreef, om daarna een middagdutje te doen en me klaar te maken voor een glas wijn in een Frans restaurant. In werkelijkheid kostte het me de grootst mogelijke moeite om me 's ochtends te douchen en aan te kleden, iets te halen bij de bakker omdat ik iets moest eten, daarna te gaan kijken hoe ik de dag vulde met iets waar ik me niet al te miserabel voor voelde, om daarna voor het avond-eten thuis te komen bij mijn huisgenoten, waar ik kon aanschuiven voor een bord goedbedoelde maar enorm machtige pasta, omdat er bloemkoolkaassaus overheen was gegoten, en waar ik iedere avond de vraag kreeg: 'Heb je veel geschreven vandaag?'

'Ja, ging lekker vandaag,' loog ik steeds.

Ik schreef niet. Ik wandelde of fietste doelloos door Parijs, terwijl heetgebakerde Fransen op de meest on-verwachte momenten claxonneerden, en ik iedere dag opnieuw vergat dat lunchen tussen twaalf en drie moest. Daarna was alles dicht.

Florine had ik niet meer geantwoord, het was vijf dagen geleden dat ze me die app had gestuurd, ik liep radeloos en kwaad door Parijs. Soms ging ik aan de Seine zitten of tuurde vanaf een brug minuten-lang naar het enorme watervlak onder me. Op iedere straathoek speelde een orkestje, een oud frêle vrouw-tje stal de show met een tapdans naast een man met een contrabas, op de achtergrond waren de impo-sante gebouwen licht en beige, de gevels van mergel, maar niets gaf me vreugde.

Noor had ik gebeld, maar aan de overgangstoon hoorde ik dat ze waarschijnlijk al in Italië was. Ik had haar ook een appje voor haar achtendertigste verjaardag gestuurd, maar daar had ze niet op gereageerd.

Ik haatte Florine. Door haar voelde ik me Barbara Covett. Ik fantaseerde dat Florine met haar mond open op een stoeprand lag en ik haar schedel van achteren intrapte. Afgekeken van *American History X*. De fantasie stopte steeds vlak voor de trap, zoals je in een droom wel eens van een berg valt maar nooit de grond raakt.

Op een terras typte ik een appje terug, gesterkt door de mening van vriendinnen over de situatie: 'Hoi Florine, als je dat tegen me had gezegd dan had ik daar rekening mee gehouden, dan had het niet zo hoeven te escaleren. Ik heb niet de intentie in jouw personal space te komen, dat lijkt me heel eng.' Ik sloot af met: 'Succes met het nieuwe schooljaar! Alle liefs terug!'

Vooral de uitsmijter inclusief uitroeptekens vond ik een voltreffer. Onnozelheid met onnozelheid vergelden.

Het bracht een paar uur verlichting.

De volgende dag kreeg ik een bericht terug van Florine, het had de lengte van een roman. Opmerkelijk voor iemand die de vriendschap wilde afsluiten.

Ze probeerde duidelijk meer op mijn gevoel te spelen. Ze zei dat ze begreep dat het voor mij ook vervelend was dat het zo was gelopen, dat we het altijd fantastisch hadden gehad samen. Ze zei dat ze haar gevoel eerst niet had kunnen plaatsen. 'Maar je kunt het vergelijken met dat ik nu dagelijks met jouw beste vriendin ga bellen, dat zou jou wellicht ook benauwen.'

Ze had dan ook gedacht dit tegen me te zeggen, maar ze wist dat ze mensen niet kon claimen. 'Zoiets zei je zelf nog toen ik zei niet zonder Noor naar Parijs te willen, je antwoordde toen: Noor kan jou niet claimen.'

Ze had me altijd zo empathisch gevonden, dat was wat mij zo leuk maakte, en daarom begreep ze al helemaal niet dat ik niet voelde dat ik tegen een grens op liep. 'Natuurlijk zijn sociale grenzen vrij interpreteerbaar voor iedereen, maar voor mij is met het zo intensief opstarten van een vriendschap met een van mijn beste vriendinnen de grens overschreden.'

Ze vond het ook jammer dat onze vriendschap minder uniek was dan ze dacht, omdat ik blijkbaar met meer mensen zo'n klik had.

'Steef, het doet me echt pijn dat het zo gelopen is. Ik dank je oprecht voor de leuke tijd!'

Een vriendin zei: 'Bel Florine even, ze is gewoon heel onzeker.'

Ze dacht dat ik gewoon even moest zeggen dat Florine heel speciaal voor me was. Ik had er helemaal geen zin in, maar deed het toch. Amsterdam zonder Florine leek me vreselijk.

Ze nam niet op, maar appte me dat ze me zo zou terugbellen.

Ik wilde thuis zijn als ze belde, maar eenmaal thuis duurde het wel erg lang.

Ik dacht aan mijn vriendschap met Rebecca op de basisschool, we waren tien. Rebecca maakte het steeds uit met mij als haar iets niet zinde. Ik smeekte haar steeds of het alsjeblieft weer 'aan' kon zijn. Mijn moeder zag het met lede ogen aan.

'Het is geen verkering,' zei ze. 'In een vriendschap maak je het niet steeds uit en aan.'

Ik begreep heus wat mijn moeder bedoelde, maar zij begreep niet hoe hard ik Rebecca nodig dacht te hebben. Een van die keren dat Rebecca het weer had uitgemaakt, belde ik vlak voor schooltijd stiekem vanuit de slaapkamer van mijn ouders naar het huis van Rebecca.

'Wil je het alsjeblieft weer aanmaken?' vroeg ik huilend.

Rebecca zuchtte diep, zei dat dit echt de laatste keer was, en maakte het weer aan.

Toen ik opkeek, zag ik mijn moeder hoofdschuddend in de deuropening.

Hoe kwam het toch dat ik weer op het niveau zat van deze basisschoolvriendschap? Misschien trok ik dit soort vrouwen aan, vrouwen met wie je vreselijk kon lachen totdat er een kink in de kabel kwam, dan gooiden ze eieren tegen je ruit.

Ik besloot mijn autonomie voor zover dat mogelijk was te herpakken en verliet mijn huis om op een rustig terras te zitten, waar ik een glas witte wijn bestelde tegen de zenuwen en waar ik ongestoord kon bellen.

Florine belde.

Op gespeeld opgewekte toon nam ik op. Florine deed mee.

Ze zei dat ze net niet kon opnemen omdat ze bij Noor en Marcel was gaan lunchen.

Oei, wat pijnlijk. Ik had eerst Florine geprobeerd te bellen en toen Noor, als ze hun telefoons op tafel hadden liggen hadden ze gezien dat ik hen allebei belde. Een smeekbede uit Parijs.

Ik zei niet te hebben geweten dat zij het zo erg vond van mij en Liselore, waarop ze streng zei: 'Maar toen wij met elkaar bevriend raakten hebben we het er toch ook over gehad of Noor het erg vond? Daar hebben we het toch over gehád?'

'Jawel,' zei ik, maar ik begreep niet zo goed wat ze ermee wilde zeggen.

Ze kon niet geloven dat ik niet had gemerkt dat ze steeds heel geïrriteerd had gereageerd als ik zei iets met Liselore te gaan drinken.

'Je begrijpt toch wel,' vroeg ze, 'dat je daarmee een sociale grens overgaat?'

'Nee, ik heb dat niet gemerkt,' zei ik. 'Ook omdat Liselore míj benaderde, niet andersom.'

'Ja, maar jij vroeg haar mee naar de bioscoop!'

Florine was haar decorum verloren, zoveel werd me duidelijk.

'Je bent zo empathisch en invoelend,' zei ze, 'dat maakt jou juist zo leuk, en dan zou je dit niet aanvoelen?'

Ik zei wederom dat ik het niet had aangevoeld.

Ik probeerde Florine gerust te stellen en zei dat ik onze vriendschap echt bijzonder had gevonden. Ik ergerde me snel aan mensen, maar aan Florine niet. En Liselore vond ik ook leuk, maar een vriendschap noemde ik het in alle eerlijkheid nog niet. Het kon ook een vrolijke fase zijn, een zomervriendschap.

Florine leek te kalmeren. Totdat ik opnieuw nadruk legde op haar onzekerheid over onze vriendschap, toen begon ze weer: 'Ja, maar dat zit me echt het minst dwars van alles! Ik vind het gewoon zo gekkig dat je sociale grenzen niet aanvoelt!'

Ik zei voor de derde keer niet te weten dat er grenzen waren. Zeker niet omdat ik dacht dat Florine ook wel wist dat ik het met haar zo leuk vond.

'Nou, laten we het er nog een keer over hebben als je thuis bent,' zei ze.

'Nee, dat hoeft niet,' zei ik kalm.

'Jawel,' zei Florine. 'We spreken wel even af als je terug bent uit Parijs.'


Ik wilde weten of ze allemaal zo gek waren en belde Noor. Ze nam wederom niet op. Ze appte dat ze met Marcel was en zei me morgen te bellen.

Voor hen was het niet zo'n halszaak, zij hadden elkaar. Een kluit van razende vrouwen. Allemaal tegen dezelfde vijand.


De volgende dag belde ze, het opperhoofd. Eindelijk. Ze had me een halve dag laten wachten op de hoorzitting.

Ik liep vliegensvlug naar mijn slaapkamer, ging op bed zitten, en nam op.

'Ha Noor,' zei ik.

'Hey,' zei zij.

Allebei een grafstem.

'Hoe is Parijs?'

'Heel fijn.' Ik begon over een zwerver die ik vanochtend zag, die een originele psychologische truc had om geld te krijgen van mensen. Ik weidde er door de zenuwen veel te veel over uit. Ging details vertellen waar we allebei geen zin in hadden.

Noor lachte als altijd hard. Ze kon dat blijkbaar opwekken zoals sommige mensen dat kunnen met tranen.

'Maar hoe is het met jou?' vroeg ik.

En toen kwam het.

'Tja, niet goed,' zei ze. 'Ik heb nogal wat twijfels over onze vriendschap als ik heel eerlijk ben.'

Ik humde.

'Eerst had ik ruzie met jou en –'

'Ruzie?' vroeg ik.

'Ja!' zei Noor. 'Je antwoordde niet op mijn app over Noordwijk, en toen dacht ik: stik erin, verwende prinses.'

Ik dacht na. Het ging over de app waarin ze schreef 'Volgende keer ga je weer gewoon mee naar Noordwijk, hoor!'

Ik zei dat ik niks had gestuurd omdat er geen vraag in haar app stond, dat ik niet boos was maar het enkel een beetje gênant had gevonden hoe het was gegaan.

'Ja, nou, maar goed, ik zag Florine steeds stiller worden en op een gegeven moment vroeg ik aan haar of er iets was, en toen vertelde ze over jou en Liselore.'

Ze had gezien hoeveel verdriet Florine ervan had. 'En als je aan Florine komt, dan kom je aan mij.'

Ik schrok van haar toon, ze leek kwader dan Florine.

Tussendoor humde ik, wat genoeg was om Noor te laten praten; ze had geen reactie nodig, ze bleef doorratelen.

Het was naïef en dom van me dat ik een tijd lang dacht dat Noor er niet van afwist. En dat als ze ervan afwist het kinderachtig van Florine zou vinden, maar nee, ze vond dat Florine volledig in haar recht stond. Florine had, vermoedde ik, iets aangekaart wat Noor in haar eentje niet had durven aankaarten.

'Ik heb in het begin ook best wel moeite gehad dat je zoveel met Florine omging. Ik was nogal jaloers.'

Noor, die niet jaloers werd van twintig condooms in Marcels toilettas, was nu dan toch jaloers geweest.

'Waarom heb je dat niet tegen me gezegd?' vroeg ik kalm.

'Omdat ik vond dat ik dat niet mocht voelen!' riep ze.

Zo werd het wel heel ingewikkeld, dacht ik, als je dingen niet mocht voelen maar dan later wel als een vulkaan uitbarstte.

'En het is voor jou niet fijn om te horen, maar Florine en ik hebben het best veel over je gehad.'

Ineens waren hun dingen opgevallen, dingen die ik deed.

Zo was het hun opgevallen dat ik altijd best wel snel overeenkomsten tussen mij en een ander benoemde. Daarom vond iedereen mij leuk. 'Mensen vinden dat heel vleiend.'

Ik begon aan mezelf te twijfelen, palmde ik daadwerkelijk mensen op die manier in? Ik vroeg voorbeelden, maar die had ze niet paraat.

'Florine zegt dat ze zich niet kan voorstellen dat je niet doorhad dat ze het niet leuk vond, je bent zo sensitief.'

'Ik ben sensitief,' zei ik, 'maar niet helderzie-'

'Ik heb jou nooit als een gemeen meisje gezien, maar misschien ben je dat wel,' zei Noor op een vraagtoon.

'Nee,' zei ik mat. 'Ben ik niet.'

Misschien had ik toch net iets te vrolijk verteld over mijn avonturen met Florine. Waarom had ik die niet voor me gehouden?

Ze wilde maar aangeven hoe erg ze over me was gaan denken. Ook het feit dat ik Florine had meegevraagd naar bootcamp was haar te veel geworden. 'Je wéét dat ík met Florine sport en ze vertelde me dat jij probeerde haar over te halen naar jouw sportclub. Toen brak echt mijn klomp.'

Vijfenveertig minuten lang belde ik met haar vanuit Frankrijk.

Ze hadden zich zelfs afgevraagd waar mijn eigen vrienden waren. Het bleek geen retorische vraag. 'Waar zijn die?'

Ik zei dat ik dacht dat ze wel wist waar mijn vrienden waren, dat ze bezig waren met andere dingen. Achteraf gezien was het bespottelijk dat ik serieus antwoord gaf, ze ging er niet eens op in ook.

'Het lijkt bij jou wel een soort verliefdheid!' zei ze uit het niets. 'De intensiteit waarmee je met Florine en Liselore afsprak, en eerst met mij.' Ze leek met de minuut verbaasder in haar toon. 'Jij gaat maar met iedereen vriendschappen aan.'

Ik zei dat ik niet wist of het vriendschappen waren, een vriendschap moest de tand des tijds doorstaan, het kon ook een leuke fase zijn.

'Maar met Florine ben je echt bevriend,' zei ze alsof er nog een 'toch?' zou volgen.

'Ik ben op dit moment bevriend met Florine, maar als zij straks in Utrecht woont moeten we nog maar zien of het standhoudt.'

Noor grinnikte om wat ik zei, om Utrecht. Alsof ze als beste vriendin van Florine wist dat Florine nooit van haar leven Amsterdam zou verlaten, terwijl ik toch dacht te weten dat Florine serieus was over die optie.

Dat ze mij alle drie als eerste hadden benaderd liet ik achterwege, het klonk zo kinderachtig. Ik zei alleen dat ik het als een onbezonnen tijd zag.

Het feit dat ik Liselore naar Parijs wilde laten komen was de druppel geweest, eerst voor Florine, en toen voor Noor. 'Ik heb je overal mee naartoe gevraagd, je overal bij betrokken, en nu krijg ik stank voor dank.'

Er viel een korte stilte. Ik had het warm en koud tegelijk.

'Maar wat wil je met onze vriendschap?' vroeg ik. 'Want Florine heeft de vriendschap met een appje opgezegd.'

Ik hoopte de belachelijkheid daarvan nog eens aan te stippen, maar Noor zei: 'Weet ik, want dat appje heeft ze me laten lezen voordat ze het verstuurde.'

Mijn gezicht gloeide alsof ik koorts had.

Ik zei dat ik dat niet fijn vond, het idee dat ze het samen hadden verstuurd.

Dat begreep Noor. 'Máár,' zei ze, 'Floor en ik hebben het echt alleen samen besproken, niet met anderen.'

Op de achtergrond klonken piepjes van scanners, alsof ze in een supermarkt stond.

'Ik denk dat je ook even voor jezelf moet nadenken wat je wilt,' zei Noor. 'Ik snap dat het even veel in een keer is, maar je mag me altijd bellen, mailen, appen, wat je fijn vindt.'

Dat klonk vriendelijk.

'Maar nu moet ik je hangen,' zei ze, 'want ik sta in de Albert Heijn en ik krijg een droge bek van het praten.'


Ik zat als verdoofd op bed, mijn rug koud van de muur. Vanuit mijn raam staarde ik naar het puntje van de Notre-Dame dat net boven de daken uitkwam. Ik begreep nu beter waarom ze zo kwaad waren, ik was er als een jonge hond in gedoken. Ik had veel te veel plek ingenomen, de roem was me naar het hoofd gestegen. Ik wás Barbara Covett, de oude *spinster* die zich vastklampt aan een nieuwe vriendin, Sheba, ge-speeld door Cate Blanchett. Sheba had nog een leven naast de vriendschap. Ik was die sneue oude vrouw, die niets anders had dan die nieuwe vriendin, van wie ze onmogelijke dingen verlangde.

Het duurde even voordat ik mijn moeder durfde te bellen.

Ik begon te huilen zoals kinderen na een val. Eerst is er stilte, daarna volgt er een gigantische uithaal. Het moet tot beneden in het trappenhuis te horen zijn geweest.

Ze bleef rustig, gek genoeg, ze had makkelijk kun-nen denken dat ik was verkracht.

'Vertel eens. Wat is er gebeurd?'

'Ze hebben het over me gehad.'

Ze waren tot de conclusie gekomen dat het een soort verliefdheid was bij mij, al die vriendschappen waar ik bovenop was gesprongen.

'En Florine heeft dat afscheidsappje aan Noor laten lezen voordat ze het aan me verstuurde.'

'Dat is verraad,' zei mijn moeder.

We waren even stil aan de telefoon. Steeds opnieuw vertelde ik dingen na die me te binnen schoten.

Na een uur hingen we op, nadat ze me aanraadde om een wandeling te gaan maken.

Achteraf waren er wel degelijk signalen geweest dat ik met gevaarlijke vrouwen te maken had. Zo had-den ze allemaal communicatiewetenschappen gestu-deerd. En dat niet alleen: tijdens die studie hadden ze samen in een onderzoeksgroep gezeten, en daarom hadden ze een appgroep met de naam De zoekies. Een naam die Noor zonder ironie gebruikte als ze met hen afsprak: 'Ik ga met de zoekies lunchen.' En zo waren er meer voortekenen geweest.

Florine die 'smavo' zei in plaats van 'smakelijke voortzetting', of 'gezel' in plaats van 'gezellig'. De onmiddellijke verdediging van het corps zodra het negatief in het nieuws kwam. Noor die iedere ochtend koud afdouchte. Florine die er een sport van maakte om ikjes in te sturen naar NRC. Het was alsof ik het allemaal niet had willen zien.

Ik liep uren door de stad, de geur van herfst zat al in de lucht. Ik brak mijn hoofd over de vraag of de vriendschap met Noor dit alles zou kunnen overleven.

Ik zag het niet direct voor me, maar misschien kon tijd dingen helen.

Mijn vader kwam met de oplossing. Hij belde en vroeg hoe het in Parijs was. Ik zei van goed en fijn, en toen vroeg hij: 'Heb je nog iets van die oververhitte vrouwen gehoord?'

Ik vertelde het gesprek met Noor na. Dat Noor nog kwader was dan Florine.

'Ja, kom op hé,' zei hij. 'Met dit soort vrienden heb je geen vijanden meer nodig. Je stuurt haar een mailtje. Zeg je: jullie hadden gelijk, we moeten het hierbij laten.'

Hij vroeg of Noor die vrouw was die op haar zesendertigste haar eerste relatie kreeg. En toen ik bevestigend antwoordde: 'Dan is er waarschijnlijk zo veel spanning vrijgekomen, dat de hysterie eruit komt gespoten.'

Ik mailde Noor. Ik schreef dat ik het gesprek had laten bezinken en dat het lastig werd om te praten als ze mijn intenties in twijfel trok. Ik was niet opgewassen tegen haar opeenstapeling van verwijten; dat ze had getwijfeld of ik 'misschien' een 'gemeen meisje' was. Haar analyse van hoe ik mensen voor me won, door bewust gelijkenissen op te noemen, dat ik haar vriendin had proberen te kapen naar mijn sportclub, bewust bommetjes dropte over hoe leuk ik het had gehad met haar vriendinnen.

'Het heeft me geraakt,' schreef ik, 'en het maakt veel duidelijk voor me. Je hebt geen idee wie ik ben.'

Ik zei dat ik terugkeek op een leuke tijd en sloot af met: 'Maar hier laat ik het bij.'

Nog geen twee uur later kreeg ik een warrige mail terug waarin ze per punt ging opnoemen hoe ze het had bedoeld. Het was een kluwen van slecht geformuleerde zinnen. Zoals: 'Waar ik spijt van heb, wat ik niet goed heb gedaan: ik heb die bak in een keer over je heen gegooid. Ik dacht van tevoren dat het juist goed zou zijn om alles te zeggen. Maar dat was fout gedacht, en meer aan mezelf dan aan jou.'

Ze bedoelde dat die inschattingsfout aan haar lag, dat ze het mij niet kwalijk nam dat ik er de brui aan gaf.

Ze schreef dat ze me 'onwijs' ging missen, vooral het appen over slechte columns. 'Onwijs jammer dat het zo gelopen is.'

Dat was misschien nog wel de vreemdste zin, Florine had het ook al op die manier gezegd; er was niks 'gelopen'.

Ik verwerkte tevreden de laatste stuiptrekkingen van Noor op een terras dat uitkeek op een zebrapad, waar de ene na de andere Parisienne overheen dartelde, de kleding eenvoudig maar charmant.

Ik genoot van het Frans om me heen, van de felblauwe kasjmier trui van de vrouw voor me, van de mensen die in- en uitliepen bij de papierwinkel aan de overkant.

Totdat de volgende actreutel me alweer appte: Liselore.

'Steef! Ik kom toch naar Parijs!'

Wat was er toch allemaal met deze vrouwen aan de hand?

Ze ging mee op zakentrip met haar aanstaande echtgenoot.

Ze wilde alleen even samen lunchen met mij, de rest van de tijd zou ze met hem doorbrengen. Ik weigerde niet, ik liet haar komen voor die lunch, maar mijn vader drukte me op het hart dat ik de eerste moest zijn die de rekening vroeg. 'Je hebt andere dingen te doen.'

Liselore kwam en het was saai. Ze wilde nog steeds met geen woord over het hele debacle reppen, ze leek bang, het enige wat ze nog kwijt wilde was dat Florine een kruisje achter haar naam kreeg.

'Hoeveel kruisjes zijn er?' vroeg ik.

Ze lachte er minnetjes om, alsof ik een heel cynische grap maakte.

Het kostte me geen enkele moeite om als eerste de rekening te vragen, de lol was eraf.

Het duurde een halfjaar om weer mezelf te worden. Ik vertelde het incident aan iedereen die het maar wilde horen, en ook aan mensen die het niet wilden horen. Sommigen zeiden alleen: 'Ben maar blij dat je van ze af bent.'

Ik liet een vriendin die vervelend tegen me deed haar gang gaan, bang om iedereen te verliezen. In mijn eentje ergens een kop koffie drinken durfde ik lange tijd niet meer, bang dat Noor en Florine me van een afstandje bekeken.

Een vriend vroeg of hij die afscheidsapp van Florine eens mocht lezen. Hij wist wel dat er vrouwen waren die er bepaalde regels op na hielden in vriendschappen, maar hij had het nooit van zo dichtbij mogen meemaken.

'Wil je me die app even sturen? Ik wil hem aan een vriend laten zien.'

Zulke dingen deden me goed, maar mijn woede werd er niet minder van.

Pas later zag ik in dat zij alle drie Barbara Covett waren, de oude, verrimpelde vrijster die vriendschap dacht te kunnen claimen, en ik juist de jonge, mooie

Cate Blanchett in de rol van Sheba. Wat een bevrijding was dat.

Via een vriendin die weer een vriendin van Noor kende, hoorde ik dat zowel Liselore als Florine in verwachting was. Liselore was naar Broek in Waterland verhuisd. Florine naar Utrecht; ze had blijkbaar echt alles over voor de liefde.

Alleen Noor woonde nog in Amsterdam. Samen met Marcel en een poes.

Ik vroeg me af of ze met terugwerkende kracht zou begrijpen waarom ik destijds zo blij was geweest met haar vriendengroep.

Drie jaar later, het was zaterdagavond, kreeg ik het antwoord. Noor appte me. 'Lieve Steef, heb je zin en tijd om binnenkort eens een kop koffie te drinken?'

# 6

## This is not the room I've booked

Daar ging ik weer, alleen met vakantie. Je kon mij overal neerzetten. Ik redde me wel.

Ik vroeg Silvia opnieuw om raad.

Ik mocht niet naar dezelfde plek, gezien de exposure therapy. Ze raadde Genua aan, een maand lang.

'Maar ik wil niet een maand in een stad verblijven, ik wil strand met mogelijkheid tot stad.'

Ik wilde mijn boek afmaken en zag voor me dat ik in de ochtend zou schrijven en in de middag naar het strand ging.

Silvia zei: 'Ik weet het, Steffi! Jij moet naar Camogli.'

Camogli was een dorpje aan de kust vlak bij Cinque Terre. Veertig minuten met de trein vanaf Genua. Op Google Images zag ik een kust met roze, gele en groene huizen. Ik kon maar drie weken gaan, omdat ik pas laat in de zomer op het idee was gekomen en erna meteen voor een reportage naar Ibiza moest. Ik hoopte dat ik genoeg had aan drie weken, door de foto's op Google was ik extatisch.

Op Airbnb zocht ik naar appartementen. Het goedkoopste was een appartement dat weinig licht had; het lag in een smalle straat, maar op twee minuten lopen van de zee. De foto's toonden donker meubilair, donkere tegels, een donkerhouten keuken, een grote badkamer met ligbad, en twee slaapkamers, ook donker.

'Deze wordt het,' zei ik tegen Silvia.

'Heb je al geboekt?' vroeg ze.

'Nee, want?'

'Het is een beetje donker. Ik ben bang jij wordt een beetje depressief.'

Wat maakte een donker appartement uit als ik er alleen sliep? Schrijven deed ik in een koffiebar, overdag lag ik op het strand, en 's avonds ging ik uit eten.

Ik mailde de eigenaar, Giovanni, een bankier uit Milaan, en zei dat ik er graag drie weken wilde verblijven, ik werkte namelijk aan een boek. Giovanni antwoordde binnen twee minuten dat het mogelijk was.

'Heb jij gezegd dat jij schrijfster bent?' vroeg Silvia. 'Soeper romantisch, een schrijfster in zijn appartement.'

Ik zocht op Google: 'weer Camogli september'. Er stond: 'Gemiddeld is het maximaal 22 graden in september en minimaal rond de 16 graden.'

Dat beviel me geenszins. Vorig jaar in Palermo was het 28 graden, de gastvrouw van mijn Airbnb liep toen in een winterjas, waarvan ze 's avonds de kraag met een hand dichthield tegen de kou in haar nek.

Moest ik niet toch iets zuidelijker zitten?

Silvia zei: 'Hollanders lopen in de winter nog met sandalen en een strohoed in Italië. Het is prima.'

Ik weet dat ze zich ergert aan dit soort vragen. Ze zei ooit tegen me: 'Jij leeft voorzichtig.'

Voor de zekerheid stuurde ik een bericht naar de eigenaar met de vraag: 'Is the beach still "open" in September? Are there still sunbeds and parasols to rent?'

Omdat hij geen interpunctie gebruikte in zijn bericht en omdat ik te snel las, dacht ik dat er inderdaad geen bedjes meer te huur waren.

Hij schreef: 'In Camogli in September it is still hot and the season is not over surely you will find the equipped beaches the possibility of renting sunbeds and umbrellas.'

Ik las 'not surely' en stuurde Silvia een printscreen van het gesprek.

Ze appte terug: 'Hij zal nu denken dat jij geen intelligente schrijfster bent.'

En toen ik uit verlegenheid reageerde met 'hahaha', zei ze: 'Ook weet ik dat jij het serious vroeg.'


De trip van het vliegveld naar Camogli ging ongelofelijk voorspoedig. Ik had direct de juiste bus gevonden en ook meteen de juiste trein. De trein ging rechtstreeks via een prachtige kustroute. De zee flonkerde.

Vanuit het kleine treinstation met slechts twee perrons liep ik zo bij aankomst het dorpje in, meteen de straat in van het appartement. Drie minuten lopen. Het was rustig op vrijdagmiddag om vier uur. Op het groene kruis van de *farmacia* stond eenendertig graden.

De gebouwen waren geel, met echte of getekende waslijnen bij de ramen, en groene luiken, die vrijwel allemaal dicht waren. Waarschijnlijk was het siësta.

Ik werd ontvangen door een vriendin van de eigenaar en haar achtjarige ietwat te dikke dochtertje. Ze had een groot colablik in haar handen geklemd en dronk eruit terwijl ze me bleef aankijken.

Haar moeder legde alles in het Italiaans uit, wat ik aardig kon begrijpen omdat we steeds een ruimte in liepen en ze van alles aanwees. Het was een enorm appartement met twee ruime slaapkamers. De badkamer had een bad en twee wasbakken, en was de lichtste ruimte in het appartement.

Bij de grote, ijzeren voordeur zei ze dat het heel belangrijk was (*molto importante!*) dat ik beide sloten vergrendelde.

Ik had een boekje gekocht om Italiaans te leren en wilde smalltalk oefenen door over het colablikje van het meisje te zeggen dat het groot was.

'È grande,' zei ik.

'È' kan 'hij/zij/het is' betekenen, uit de context maak je op om welk voornaamwoord het gaat. Ik bedoelde dus: het is groot. Maar dat was niet duidelijk, en de moeder zei met iets van verontwaardiging: 'No, è mia figlia, è piccola.' En ze begonnen elkaar voor mijn neus te knuffelen.

Prima. Je kunt ook gewoon even beleefd meedoen met mijn poging tot een praatje, dacht ik.

Zodra ze de deur uit was installeerde ik de wifi. Die deed het niet, maar was dat geen mooie kans om in het hier en nu te zijn? Zo had ik tenminste rust, en ik zou toch alleen maar buitenshuis werken.

Daarna bekeek ik nog eens rustig alle kamers, lag even op mijn tweepersoonsbed, en liep de deur uit om een rondje te lopen.

De zee was omringd door gigantische rotsen waar prachtige pijnbomen op groeiden, felgroen. Het was, besloot ik die eerste uren, misschien wel de mooiste plek waar ik ooit was geweest.

Ik was zo verrukt door alles dat ik hoopte dat ik een beetje snel tot bedaren zou komen. Met zo veel opwinding zou ik niet kunnen schrijven en dat was toch mijn voornaamste doel. Mijn boek moest af.


Die eerste avond at ik bij een strandzaak. Ik nam een boek mee en verheugde me op een warm onthaal.

De ober gebaarde gehaast dat hij zo bij me kwam en liep met papieren placemats naar de tafels buiten. Daarna zei hij me hem te volgen. Hij liep hard.

Ik kreeg een fijn plekje met uitzicht op zee.

De ober glimlachte niet terug toen ik mijn bestelling in het Italiaans probeerde, en antwoordde in het Engels.

Nee, het had nog niet die warmte van Palermo. Maar de eerste goede ervaring zou zich vast snel aandienen.

Bij terugkomst in het appartement deed ik net als alle anderen de groene luiken dicht. Ik sloot de gordijnen van de ramen achterin, die van de badkamer en de logeerkamer, en deed ook daar de groene luiken dicht.

Ik wilde er niet te veel aan toegeven, maar het appartement had in het donker iets akeligs.

Om drie uur 's nachts schrok ik wakker van een hels lawaai dat in mijn slaapkamer leek te zijn. Ik deed het licht aan en zat rechtop in bed met een hart dat bijna uit mijn borstkas pompte. Het leek alsof het op de gang was in mijn appartement. Alsof er mensen in mijn hal stonden. Ik besefte dat het in het trappenhuis moest zijn. Mensen die thuiskwamen.

Het duurde een tijd voordat ik, met behulp van een podcast, weer in slaap viel.

De volgende ochtend liep ik naar de boulevard. Schrijven kwam later, het was belangrijk dat ik me oriënteerde. Acclimatiseren.

Vier dagen vakantie, lezen en niksdoen, sprak ik met mezelf af, vanaf dan iedere dag twee uur schrijven.

Het was een korte boulevard met maar drie plekken waar je bedjes kon huren. Aan een man met lang blond haar vroeg ik hoeveel een bedje en een parasol kostten. Hij zei dat hij alleen bedjes in tweetallen verhuurde.

Ik zei dat ik hier 'tre settimane' bleef en hoopte op een schappelijker prijs.

'Tre giorni,' verbeterde hij.

Nee, schudde ik, drie weken.

Hij keek me met grote ogen aan en herhaalde 'tre settimane' zonder geluid, en trok zijn mondhoeken naar beneden om uit te drukken dat hij het lang vond.

*Allora*, dan wilde hij vanaf morgen wel een deal maken, maar niet nu, want het was zaterdag.

Ik rekende dertig euro af en bekeek een hele poos de mensen om me heen. Oudere Italianen, allemaal rond de zestig, met prachtige bikini's, effen zwembroeken en nog heel aardige lichamen. Misschien hadden ze nog iets appetijtelijks doordat hun huid zo diepbruin was, maar het was ook hun bouw. Die was toch echt een stuk ranker dan de onze.

Ik dacht aan wat mijn therapeut had gezegd over witte mensen na haar saunabezoek. 'Het is heel erg, we lijken wel gedegenereerd.' En toen ik in de lach schoot, zei ze: 'Ik meen het. Het is echt heel erg.'

Na alles een tijdje bestudeerd te hebben ging ik zwemmen. En nadat ik had gezwommen ging ik op mijn buik liggen om een boek te lezen. De blonde strandman stond boven op het terras met zijn onderarmen op de reling. In het etablissement was het niet druk. Het was een grote, lege zaal met twee tafeltjes. De bedjesverhuur leek de enige inkomstenbron.

Ik wilde geen strepen op mijn rug en opende, liggend op mijn buik, de sluiting van mijn bikini, en toen ik het topje onder me vandaan wilde trekken en mijn borsten even te zien waren, keek ik onwillekeurig omhoog, recht in de ogen van de strandman.

Hij gaf me een knipoog.

Dat met die korting moest morgen wel lukken.

Op de boulevard lag een geweldig lunchzaakje waar je grote salades en gezonde sapjes kon afhalen. Ik was er blij mee, want ik wilde slank naar Ibiza, ik ging met een fotograaf op zeilweek en zou maar per ongeluk op een foto terechtkomen.

's Avonds wilde ik uit eten, maar bij vier plekken werd ik geweigerd, ik had moeten reserveren. Ze waren niet onder de indruk van een vrouw alleen.

Reserveren vond ik iets voor twee personen.

Gelukkig zou ik over een week bezoek krijgen van M. We hadden sinds een maand een relatie en kenden elkaar al drie jaar.

Ik appte hem dat ik me vreselijk op zijn komst verheugde.

Hij appte soortgelijke dingen terug.

Ik ging alvast twee goede restaurants reserveren waar ik alleen niet naartoe durfde.

Met tegenzin deed ik boodschappen en maakte thuis een salade – het ontbreekt me aan creativiteit in de keuken. Pas toen besefte ik dat ik wel degelijk wifi nodig had: ik wilde een serie kijken op mijn laptop. Ik wist alleen niet hoe ik dit bij Giovanni ging aankaarten, omdat ik de eerste dag had geappt dat de wifi het niet deed, met de ruimhartige toevoeging dat het niet erg was. Giovanni moest weten met wat voor een parel van een gast hij te maken had. Zelfstandig en easy going.

Ik liet het bad vollopen, las noodgedwongen verder in mijn boek, maar ontdekte na een halfuur dat het water koud was. Op de boiler knipperde een lichtje. Ik moest Giovanni voor de vierde keer appen. Hij reageerde snel, maar kwam nogal zakelijk en afstandelijk over in zijn berichten. Pas na twee uur was er weer warm water, maar het bad kreeg ik er niet vol mee. En zo bleef het mijn hele verblijf. Geen bad. Giovanni heeft hier nooit van geweten.

De groene luiken bleven dicht. Ook als de nacht of de siësta voorbij was. Het gaf het dorp ondanks de vrolijke kleuren iets desolaats.

De nachten werden elke keer onderbroken door lawaai. Iedere nacht opnieuw dacht ik dat er iemand in mijn gang stond, en nu echt. Ik dacht ook aan de belangrijke waarschuwing van de vrouw die me had binnengelaten, dat ik de voordeur op twee sloten moest vergrendelen. Waren er hier veel inbraken? Waren daarom alle luiken dicht? Kwamen de inbrekers soms via de ramen?

Door die gedachte sliep ik licht.

Overdag sliep ik bij op het strand. Ik betaalde nog maar vijftien euro voor een bedje en een parasol. Sommige mensen zullen zich afvragen waarom ik niet gewoon op een matje ging liggen en zelf een parasol meenam, maar niet iedereen is geschikt voor een leven met het hoofd op de grond.

Die eerste vier dagen was ik intens gelukkig. Ook al sliep ik beroerd en had ik nog geen enkele warme ontmoeting gehad.

In mijn straat lag een koffiezaakje waar je de enige lekkere koffie kon krijgen van Camogli. De enige plek waar het melkschuim vers was opgeklopt.

Op de derde dag zei de vriendelijke uitbaatster, een zestigjarige vrouw met gezag, uit zichzelf: 'Cappuccino?'

Dit zou een fijne routine worden op schrijfdagen.

Omdat ik op de vierde dag bedacht dat iedere ochtend cappuccino niet goed was voor mijn dieet, bestelde ik een americano. Daarmee gooide ik mijn eigen ruiten in, want daarna vroeg ze iedere keer wat ik wilde hebben, waarmee de vertrouwelijkheid weg was.

Blijkbaar keek ik te veel in de richting van een oudere vrouw met gecoiffeerd, zwartgeverfd haar, die geamuseerd met drie jongere mannen zat te praten. De mannen keken over haar hoofd naar mij, waardoor de vrouw met het geverfde zwarte haar naar me omkeek, en daarna het meest typisch Italiaanse gebaar voor ergernis uitbeeldde naar de mannen. De duim tegen de andere vingers.

Deze vrouw zat er net als ik iedere dag, maar zij kende iedereen, en ik was alleen.

Toen ik het verhaal aan Silvia vertelde, zei ze: 'O Steffi, dat is heel, heel onbeleefd van die vrouw.'

Op dag vijf zou ik dan eindelijk beginnen met schrijven, het enige probleem was dat ik de ideale werkplek nog niet gevonden had. Met alleen twee cappuccino's durfde ik niet een ochtend lang een tafeltje bezet te houden.

De hamburgerzaak boven aan de straat had wifi en koffie, maar ook flatscreens waar de hele dag muziekzenders opstonden.

Op dag zes begon ik me te ergeren aan mezelf. Hoeveel redenen ging ik nog verzinnen om niet te schrijven? Dat boek moest af. En wel binnen twee weken. Het plezier moest terugkomen.

Ik ging toch maar aan de keukentafel zitten, de luiken wagenwijd open voor een straaltje licht. Ik dacht aan wat mijn agent als laatste feedback had gegeven: 'Je moet gewoon doorschrijven, niet alles weer tot in detail herschrijven.'

Ik typte zonder nadenken een scène uit en probeerde mijn hoofdpersoon te laten denken en voelen. Want dat had mijn agent nu echt heel vaak gezegd: dat mijn hoofdpersoon te weinig dacht en voelde. Daardoor voelde je als lezer niet mee met het personage en waren haar handelingen lastig te begrijpen. Misschien kon ik beter daarmee beginnen vandaag: eerdere hoofdstukken hier en daar vullen met gedachten. Of kon ik beter aan het eind die gedachten invullen? Het liefst begon ik met een schone lei, maar mijn agent zag me al aankomen.

Die dag hield ik het voor gezien. Ik besloot er verder over na te denken op mijn strandbedje.

Op dag zeven dacht ik aan de meest recente kritiek

van mijn agent. In mijn laatste versie had ik veel dia-logen geschrapt omdat je volgens haar alleen een dia-loog moest schrijven om het personage te typeren of als je nadruk op een uitspraak wilde leggen. Na die laatste versie had ze me gebeld: 'Ik zie dat je veel dialo-gen eruit hebt gehaald, terwijl je daar juist zo goed in bent, dus die zou ik laten staan.'

Ik had er niks op gezegd, niks in de trant van: maar jij zegt juist altijd dat.

Ik bekeek de oude versie en zette de dialogen er weer in. Ik ging me niet meer laten leiden door haar feedback.

Op dag acht dacht ik terug aan alle keren dat ik me had geschaamd. Ze zei naar aanleiding van een van mijn eerste versies: 'Het zit nog steeds te veel op de actie.'

Ik zei: 'Maar als het hoofdpersonage bijvoorbeeld denkt dat haar collega van een andere league is, is dat dan geen gedachte?'

'Jawel,' zei ze toen, 'maar dat heb ik geschrapt, want dat maakt haar onsympathiek. En dan haken lezers sowieso af.'

Mijn hoofdpersonage lag erg dicht bij mezelf, dus ik schaamde me. Ze zei ook eens tegen me dat mijn hoofdpersonage geen lieverdje was. 'Ze is veel te open-hartig en ze roddelt te veel. Ze zegt dingen waarvan je gewoon weet dat ze die nog een keer terugkrijgt.' Daarna durfde ik de hoofdpersoon niks meer over een ander te laten zeggen. Ik kon namelijk niet onderschei-den wanneer ze iets neutraals zei en wanneer het rod-delen was.

Ik klapte de laptop dicht.

Zelfs het strand bracht niet meer dat echt gelukzalige gevoel terug; ik lag er in schrijftijd. Ik dacht aan alle mensen die me hadden gevraagd: hoe is het met je boek? En dat al jarenlang. Nepinteresse. Ik werkte ooit in een kledingzaak waar de bazin om de haverklap aan me vroeg of ik al een relatie had. En toen ik op een dag zei dat ik er een had, vroeg ze er niet op door. Dat soort mensen wilde hun geluk bekrachtigd zien door continu naar de gebreken van een ander te vragen.

Op mijn strandbed las ik een boek van een schrijver die ook bij mijn agent zat en zag dat hij een woord benadrukte met een accent aigu. Iets wat ik zelf ook wel eens had gedaan in mijn tekst, maar waarbij mijn agent, onze agent, in de kantlijn had gezet dat ze als lezer zelf wilde beslissen hoe ze een woord las en daarom niet hield van nadruk. Waarom mocht hij het dan wel?

Over twee dagen kwam M. Dag negen en tien waren eigenlijk de enige dagen waarop ik nog iets kon doen voordat hij kwam. Als hij er was ging ik drie dagen vakantie vieren en goed eten met lekkere wijn.

Ik ging opnieuw aan de keukentafel zitten. Ik twijfelde vooral over de tweede verhaallijn die ik erin had moeten verwerken. Ze had me een boek aangeraden om te laten zien waarom er nog een verhaal naast mijn hoofdverhaal moest zijn. Het was een fantastisch boek en ik begreep ook meteen het belang van een andere verhaallijn. Alleen was ik nu aan mijn vierde bezig, en ook deze voelde niet goed. Het was een verhaal dat ik graag kwijt wilde, maar zodra ik achter mijn laptop zat voelde ik geen enkele urgentie meer.

Ik appte een vriendin dat ik slechte zin kreeg van mijn boek. Ze appte terug dat ik alle feedback moest loslaten. 'Gewoon alle onzin om niet te schrijven negeren. Zet een nummer op repeat.'

Ik besloot dat ik er na M.'s bezoek echt tegenaan ging. Ik was Camogli nog niet uit geweest en begon ook op dat gebied een lichte druk te ervaren. De tiende dag besteedde ik aan een tripje naar Portofino, dat prachtig was, maar wat niks met me deed.

's Nachts schrok ik weer wakker. Voor ik naar bed ging deed ik een huiveringwekkende ontdekking. In de hoge kast in de logeerkamer lag, naast een strandparasol, een matje, handdoeken en paardendekens, ook oud speelgoed. Een pot met viltstiften, en twee poppen met zes nylon haren uit hun kale kop.

Het was, durfde ik nu wel aan mezelf toe te geven, een griezelig appartement met een geluidsprobleem.

Ik had me enorm verheugd op M.'s komst, maar toen ik eenmaal op weg was naar Genua om hem op te halen, kreeg ik tegenzin.

Ik kocht in een supermarkt twee flesjes water voor ons, een haarclip, en tandenstokers. Ik deed er lang over, zo lang dat ik het maar net redde om hem op tijd te verwelkomen. Mijn therapeut zei ooit dat te laat komen een manier is om je autonomie op te eisen. Iedere keer dat ik te laat kwam dacht ik aan die uitspraak.

Het was vierendertig graden. De zon brandde op mijn blote schouders. De bus kwam vanaf het vliegveld aangereden.

Hij stapte uit in een verkreukeld wit T-shirt dat we een tijd terug samen hadden gekocht. Hij had ook de spijkerbroek aan die we samen hadden gekocht en, daar had ik geen aandacht aan besteed toen we samen hadden gewinkeld, hij droeg teenslippers.

Afzichtelijke teenslippers. Gigantische bruinleren schuiten. Maat 46 geëtaleerd op twee vloten.

Hij pakte net als de andere passagiers zijn koffer onder uit de bus.

Hij was een andere man met die slippers. Ze waren enorm, zijn voeten nog wit. Voorin bij de tenen was er nog een klein stukje slipper over. Het gedeelte dat tussen de tenen zat was van bruine stof. Ik probeerde er niet naar te kijken toen hij met een grote lach op me afkwam. Hij leek ook moeite te hebben er goed op te lopen.

We kusten elkaar, bespraken waar we naartoe gingen, en kusten elkaar nog eens.

Toen liepen we de trap op, hij op die slippers, in zijn rechterhand zijn koffer.

We zouden zijn koffer dumpen, wandelen door Genua, dineren in Genua, en dan met de trein naar Camogli.

De koffer liet zich niet makkelijk ergens stallen.

Op het station ging de stalling om zes uur dicht en in twee hotels zeiden ze nee.

We besloten zijn koffer te droppen bij het restaurant waar we die avond zouden eten. Hij had het uitgezocht, want hij is chef-kok en heeft een goede smaak. Binnen rook het naar shag. Niks zag ik meer zitten. Ik had ook vreselijke honger. Het was gewoon heel veel tegelijk.

Tot die tijd zaten we ergens aan het water met een Aperol Spritz en een panini. Hij had zijn benen over elkaar geslagen. Ik keek steeds naar de zee, de mensen, naar hem en naar zijn slippers. Hij wipte ermee.

'Vind jij Birkenstocks mooi?' vroeg ik. 'Naast mijn appartement zit een Birkenstock-zaak.'

'Die ga ik niet dragen, als je dat bedoelt.'

Zo zaten we een tijdje. Te kijken naar de mensen om ons heen. Ontspannen was ik niet. Ik zat in een kramp van hoe het zou moeten in het leven. En daar hoorde schaamte over de slippers van je vriend niet bij. Ik vroeg me af of ik ook zo'n last van die slippers zou hebben als we alleen op de wereld waren. Maar dat was een vraagstuk waar ik niet uit kwam, ze waren werkelijk reusachtig.

Om ons heen wemelde het van de duiven. Af en toe spoot een kleine Italiaanse vrouw er een paar met een waterpistool van de verlaten tafels naast ons. We bekeken hoe gefocust ze dat deed. Ik vroeg me hardop af waarom iemand zich zo druk zou maken om duiven op een terras dat niet van haar was.

'Dat is de moeder van de uitbater,' zei M.

Een slimme analyse, die ook leek te kloppen met de vanzelfsprekende manier waarop de uitbater met haar sprak.

Ik legde mijn hoofd op zijn schouder. Een moment van rust, van terugkerende verliefdheid. Tot ik naar beneden keek en die slippers weer zag.

De volgende ochtend trok hij bij die slippers een oude, verkleurde zwembroek aan en wilde zo naar het strand lopen.

'Dat doen ze hier niet,' zei ik. 'Hier trekken ze een lange broek aan met normale schoenen en pas op het strand kleden ze zich om.'

'Maar ik doe dit wel,' zei hij.

Er zat niks anders op dan hem te verlaten, dacht ik.

Ik zei dat ik liever niet bij de strandtent lag waar ik iedere dag kwam, omdat ik een korting had bedongen die ik misschien kwijtraakte als de strandbeddenman zag dat ik een relatie had. Hij knipoogde iedere dag naar me vanaf zijn terras.

M. had daar begrip voor.

We liepen over de boulevard, ik voorop, M. slofte op zijn slippers achter me aan.

'Dit wordt niks,' zei ik nors toen we het eind van de boulevard bereikten.

Ik was op mijn onaantrekkelijkst. Het deed me denken aan scènes uit vorige relaties. Je bleef dezelfde persoon, hoezeer je ook dacht dat je veranderd was.

Ik zei tegen M. dat dat mooie hotel daar verderop

misschien een optie was en zei dat ik wel even in mijn eentje aan de balie ging vragen of die bedden op die rots met zwembad ook beschikbaar waren voor niet-hotelgasten.

'Ik loop met je mee,' zei hij.

'Maar ik ben zo terug.'

Hij stond erop.

Gelukkig stonden we aan een hoge balie, waar-door de receptioniste die slippers niet zag.

Ze belde met iemand om het te checken. Ze knikte een paar keer en zei toen tegen ons dat het mogelijk was. Het kostte honderddertig euro per bed.

We vertrokken weer.

Er leek niks anders op te zitten dan mijn vaste stek.

Ik inhaleerde diep en liep de trap af.

'Ciao,' zei ik tegen mijn blonde strandman. 'Two beds for today please.'

'Two?' vroeg hij, en hij trok een wenkbrauw op.

Daarna keek hij argwanend langs me heen, naar ie-mand achter me. Ik keek om.

M. stond tevreden met een handdoek over zijn schouder te wachten, zich niet bewust van hoe die slippers eruitzagen onder een korte broek.


Nu M. er was verheugde ik me wel weer op de lunch en het diner. Ik dronk er een glas wijn bij en bestelde wat hij bestelde.

Ik zei dat ik mijn appartement iets engs vond heb-ben. Ik had verwacht dat hij dat zou ontkrachten, maar hij zei: 'Dat snap ik wel, ja. Het is niet goed geisoleerd, waardoor ieder geluid je huis binnendringt.'

En dan waren er nog die groene luiken. Waarom zouden die toch de hele dag dicht blijven? Ik vroeg het aan de ober, die me vertelde dat de meeste huizen hier van Milanezen waren. Als ze er niet waren deden ze de luiken dicht.

Het halve dorp was onbewoond. Dat was waar ik last van had.

Waarschijnlijk was ik ook zo sikkeneurig doordat ik me tot nu toe had ingehouden met eten. Toch deed ook goed eten niet meer zijn werk.

De dag voordat M. vertrok aten we in een matig restaurant bij mij om de hoek.

Ertegenover lag een snackbar met veel gefrituurde inktvisgerechten: *semmu friti*. Er stond een rij van zeker twaalf mensen. M. zei dat ik daar de komende dagen mijn avondeten moest afhalen. 'Inktvis zit vol proteïnen, niet vet, dus dat kun je iedere dag eten.'

Na het eten stelde hij voor om een rondje te lopen om samen een goede werkplek te vinden voor de resterende dagen.

'Je kunt vragen of je in dat restaurant van vanmiddag met een laptop mag zitten en dan zeg je dat je daar lunch.'

Toen ik het ging vragen – M. wachtte om de hoek – zei de ober dat ze pas om halfeen opengingen.

Ik dacht aan de keren dat mijn moeder me naar schoolreisje bracht en we vooraf bepaalde dingen doornamen om me gerust te stellen. Ik voelde me

weer dat kind, maar het was beter dan het kenauge-
voel van de afgelopen dagen.

De ochtend dat M. zou vertrekken werd ik met een
zwaar hart wakker. Ik had me drie dagen lang geër-
gerd en nu ging hij weg. Ik moest weer met dat boek
verder. En ik had ook nog eens geen wifi.
    'Dat moet de eigenaar vandaag nog voor je rege-
len,' zei M.
    'Ja, maar dat gaat niet, want ik heb gezegd dat het
geen probleem was dat er geen wifi was.'
    Hij fronste. 'Dan wordt het lastig inderdaad.'
    Hij stelde voor om bij mijn vaste koffiezaak te ont-
bijten.
    Ik zei dat takeaway voor vandaag beter was.
    We zaten op een bankje vlak bij het station, waar
ik huilend een chocoladecroissant at met uitzicht op
de heldere zee en de felgroene pijnbomen. M. wreef
met grote halen over mijn rug.
    We namen afscheid. Mensen moeten hebben ge-
dacht dat hij naar het front ging.

Ik appte Giovanni voor de vijfde keer, het zelfstandi-
ge imago was er inmiddels wel vanaf, en zei dat ik bij
nader inzien toch wifi nodig had voor mijn research.
    Hij appte terug dat zijn broer binnen een uur op de
stoep stond met een nieuw modem en me zou trakteren op lunch voor de 'inconvenience'.
    Zijn broer, mijn leeftijd, kwam aan op zijn motor
en zei: 'Goedemiddag.'

Ik keek verbaasd. Hij sprak 'ein beetje Nederlands', want hij woonde in Rotterdam. Het hoogtepunt van mijn dag.

Helaas vertrok hij over twee uur weer naar Nederland.

Geen lunch, wel wifi.

De dagen erna waren niet beter. Ik zat op mijn nieuwe werkplek, uitgezocht door M., en bekeek een groep Scandinaviërs die waren aangemeerd. Wandelstokken, sandalen, mondkapjes om de elleboog. Ze kwamen aan de tafels om me heen zitten, wachtend op de boot die zo meteen zou vertrekken.

Een oudere man met te veel vet rond de buik, Teva-sandalen aan, knikte vriendelijk naar me. Waarschijnlijk uit medelijden.

De eerste dag van de dertien dagen regen in september was aangebroken. In de ochtend plensde het. Daarna kwam de hitte terug. Nog maar de helft van alle bedjes werd uitgestald. De drukte in de saladelunchzaak was zo goed als weg.

De uitbaatster vroeg hoelang ik bleef en of ik al naar Hotel Stella Maris was geweest. Ze liep met me mee naar buiten en wees een kerktoren aan boven op een rots omringd door bomen, ver weg. Ze zei dat het een mooie wandeling was.

Stella Maris lag op een wandelafstand van een uur. Wandelen was goed voor de concentratie, wist ik, het was stom dat ik niet eerder op het idee was gekomen.

Ik liep het dorp uit, een niet al te steile berg op, langs verlaten maar ook bewoonde huizen, met inkijkjes waar ik volledige fantasieën op losliet, over de levens die zich daar afspeelden. Af en toe passeerden mensen die naar beneden liepen.

Boven was er een grandioos uitzicht op de gekleurde huizen van Camogli en de rimpelingen van de zee. Er was een kerk, een klein bakkertje en veel dorpelingen die een praatje maakten met elkaar.

Naar Stella Maris was het nog een halfuur lopen. Vanaf het hotel kon je om het hele uur de boot terug nemen naar Camogli.

De lucht was klam.

Ik liep door een verlaten bos over een trap van natuurstenen naar beneden, onderaan stond een jong stel van ongeveer twintig dat een poesje aan het filmen was.

Ze keken omhoog, ik glimlachte. Ze lachten niet terug.

Meteen haat.

Na een tijdje kwam ik bij een kerkje waar ik een kaars opstak. Het was allemaal prachtig en tegelijkertijd grimmig.

Vanuit het kerkje zag ik het stel passeren. Ik wachtte een paar minuten voordat ik achter ze aan ging.

Een hele tijd ging het goed, ik dacht zelfs even dat die twee twintigers een andere afslag hadden genomen. Totdat ik ze tegen een muur zag zoenen met elkaar, op een pad waar ik ze moest passeren. Ik kon niet meer terug.

Met dodelijke ernst liep ik langs.

Ze keken op. Daar kwam die eenzame vrouw weer, dachten ze.

Ik liep stevig door naar Stella Maris, ik was er bijna. Ik verheugde me op een kop koffie in een mooi hotel.

Nergens waren andere voetgangers. Daaruit had ik misschien al kunnen afleiden dat er iets niet in de haak was.

Hotel Stella Maris was dicht, gesloten. Aan de deur van de ingang hing een theatraal slot.

Met mijn hand boven mijn ogen keek ik naar binnen. In een verlaten eetzaal waren alle stoelen op de tafels geplaatst; het enige leven was een aquarium met kreeften.

Ik kreeg zo de rillingen van deze plek dat ik zo snel mogelijk naar beneden naar de boot liep. Ik had nog negen minuten om hem te halen. Ik rende als een idioot.

In mijn eentje wachtte ik op de kade. Achter me kwamen twee mensen naar beneden: dat infantiele kutstelletje.


Alleen al het openen van mijn laptop maakte me neerslachtig.

Het was alsof ik bezig was met mijn scriptie. Waarom bleef ik eigenlijk bij een agent van wie ik niet de indruk kreeg dat ze er heil in zag?

Ik dacht aan alle keren dat ik met haar had afgesproken en haar dingen vertelde die ik niet eens aan vriendinnen vertelde. Simpelweg omdat ik ze aan niemand kwijt wilde. Maar iedere keer opnieuw werd ik verschrikkelijk openhartig. Stop! Dacht ik steeds vergeefs.

Ik vertelde het eens aan een vriend. We gingen lunchen, ik kwam net bij haar vandaan en zei tegen hem, terwijl ik mijn hoofd in mijn handen verstopte: 'Ik heb mijn agent weer allemaal dingen verteld die ik helemaal niet kwijt wilde.'

Hij vroeg plechtig: 'Waarom doe je dat dan?'

Die vraag vond ik zo dom, dat de schellen me van het ene op het andere moment van de ogen vielen. Ik besefte dat hij altijd van dat soort vervelende vragen stelde en besloot na die lunch nooit meer met hem af te spreken.

Ik appte Janneke. 'Ik ga mijn agent opzeggen.'

'Wat is er gebeurd?' appte ze terug.

'Niks, maar ik zit vast en kan me alleen nog maar negatieve feedback herinneren.'

Ik schreef een woedende mail waarin ik zei dat ik ermee stopte en op zoek was naar iemand die me aanmoedigde. Daarna vatte ik dezelfde boodschap in een vriendelijker mail, die ik twee keer herlas en toen verstuurde.

Ik ging vakantie vieren.

Er waren nog vier dagen over. Een eerdere vlucht naar huis vond ik te drastisch. Ik besloot een luxe hotel te boeken in Genua, weg uit Camogli. Weg uit dit duistere appartement.

Voor de zesde keer appte ik Giovanni. Ik vroeg of hij het goedvond als ik mijn geld terugvroeg via Airbnb voor de laatste drie nachten – dat kon namelijk. Hij moest inmiddels denken dat hij met een gek te maken had. Eerst wifi vragen, dan vertrekken.

Voor het eerst kreeg ik geen reactie.

Ik boekte een superior suite op Booking.com en pakte mijn koffers in. In Genua wachtte me een beter leven.

Maar eerst kreeg ik het nog aan de stok met een Italiaanse vrouw bij wie ik checkte of ik op het goede perron stond door naar de grond te wijzen.

Ze zei van niet, zo begreep ik. Ze wees naar spoor 2. Maar alles op spoor 2 ging de andere kant uit, dus dat leek me sterk.

'Grazie,' zei ik snel. Maar ik had iets ontketend in deze vrouw. Ze werd woedend. Met veel armgebaren begon ze te roepen dat ik naar spoor 2 moest.

Ze riep er een man bij, die haar probeerde te kalmeren.

Ze deed haar verhaal schreeuwend uit de doeken. Ondertussen keken ze naar mij. Ik vroeg aan de man of dit spoor, ik wees weer naar de grond, naar Genua ging. Maar voordat hij kon antwoorden schreeuwde de furie van 'No!!!' en begon haast als een kat te blazen.

De trein arriveerde en de vrouw liep op de trein af, naar mij schreeuwend dat ik weg moest gaan. Ik liep naar een andere wagon en stapte daar in, in de hoop dat ze niet zag dat ik haar, vast goedbedoelde, advies negeerde.

Met verhoogde hartslag zat ik in de trein, een boek lezen zat er even niet in. De conducteur die niet veel later mijn coupé binnenkwam zei dat ik goed zat. Het was me een raadsel wat de vrouw me allemaal duidelijk had willen maken.

Ik had me verheugd op een serene hotelkamer met airco. Maar ook in Genua stuitte ik op een dwarsligger. Ik zei vrolijk gedag aan de balie van de receptie, maar de receptioniste deed niet mee. Ze zocht emotieloos mijn reservering op.

Kamer 220 was een teleurstelling. Het was een lichte kamer en de badkamer had een ligbad, maar het was veel kleiner dan op de foto's van mijn megadeal. Ik zocht de geboekte superior suite deluxe op en keek er nog eens goed naar. Een voor een foto's van kamers die groot en ruim waren met een zithoek en een badkamer met de douche en het bad apart. Een ex-collega, die bij NH-hotels had gewerkt, vertelde me eens dat receptionisten altijd inschatten of de gast gaat klagen als ze een minder mooie kamer geven. Die kennis doet iets met je zelfbeeld.

Terug naar die chagrijnige trien. Een hiaat in je mensenkennis, meid, dacht ik. Helaas.

'This is not the room I've booked,' zei ik zo verveeld mogelijk toen ik weer voor haar stond.

Ze speelde verbaasd, maar met weinig energie.

Omdat ik het kaartje van de kamer gedecideerd teruggaf, ging ze niet verder in discussie, behalve dat ze nog eens zei dat dit toch echt de superior suite was, terwijl ze intussen een andere kamer zocht.

Stilzwijgend gaf ze me een nieuw kaartje van een grotere kamer.

Mijn nieuwe kamer was gigantisch, ik had een balkon met uitzicht op een pleintje. En er stond een groot bureau van glanzend wit glas, waar ik fijn aan had kunnen schrijven als ik geen vakantie had gehad.

Ik had een oproep gemist van mijn agent. Ik kreeg ook een appje waarin stond dat ze wilde afspreken.

Zorgen voor later. Ik ging nu eindelijk genieten.

De eerste avond was ik ontzettend content met mijn kordaatheid. Ik deed het toch allemaal maar mooi. Had ik het ergens niet naar mijn zin, hup, boekte ik in een handomdraai een hotel op een andere plek.

Ik deed er wel lang over om een restaurant te vinden, want ik moest door een donkere tunnel, waar een smal voetpad was, en waar auto's in hoge snelheid voorbijraasden. Ik checkte meerdere keren of dit de bedoeling was, maar het leek echt de enige optie.

Genua kende veel donkere steegjes en Google Maps kreeg dat allemaal niet gebolwerkt. In elk steegje hing een straatnaambord dat begon met Vico en dan iets van *della* nog wat. Ik dacht aan een vriendin die haar pasgeboren zoon Vico had genoemd. Ik appte Silvia of het een veelgebruikte jongensnaam was in Italië.

'Nee,' zei ze, 'want het betekent steegje.'

Bij het restaurant at ik buiten, samen met twee andere mensen, een moeder en een dochter, die beiden een slot kregen om hun tasje aan de stoel vast te maken. Het eten was heerlijk en de bediening vriendelijk, en daar alleen zitten voelde niet vervelend, maar het was wel sfeerloos, want er zat verder niemand.

Overdag liep ik door Genua en dronk hier en daar koffie op een terras. Ik besloot mijn zelfvertrouwen te herpakken, hoe moeilijk kon het zijn, en zocht uit wat echt goede restaurants waren, ik ging reserveren voor één persoon.

Ik at bij een steengoede trattoria, waar buiten een rij stond, en de ober mij vluchtig aan een vierkante bar binnen plaatste, waar ik recht tegenover drie verliefde stellen kwam te zitten. Ze probeerden zich in eerste instantie ruimdenkend op te stellen – een vrouw alleen in een druk restaurant was heel normaal –, maar hun onderonsjes verrieden wat ze werkelijk dachten. Ze vonden me zielig.

De laatste dag deed ik een tour met de hop-on-hop-offbus.

Bij het instappen liet ik mijn telefoon uit mijn handen vallen en toen ik die wilde oppakken – ik moest me intussen wijdbeens schrap zetten omdat de chauffeur optrok – moest ik mijn zonnebril met één hand tegenhouden om hem niet uit mijn haar te laten vallen. Ik had me overgegeven aan het kneuzendom.

Ik ging op het dek zitten, helemaal achterin. Er zaten zes mensen.

Bij geen enkele stop voelde ik de drang om uit te stappen. Ik zat vast in een verlammende onzekerheid, ik wilde nergens meer naartoe.

Twee uur lang liet ik me rondrijden, de uitlaatgassen liet ik mindful over me heen dalen. Ik appte een uur lang met een vriendin en begroette af en toe nieuwe mensen alsof ze aan boord kwamen van mijn bus. Ik googelde of er een McDonald's in de buurt van mijn hotel lag, ik wilde niet meer uit eten, ik wilde echt alleen nog maar mijn tijd uitzitten.

Ik lag op mijn strakke witte hotelbed en bekeek de roomservicekaart. Ik wilde een simpele bolognese, maar die stond er niet op. Er stond alleen vis op, en vlees, en ravioli. Ik heb een pesthekel aan ravioli.

Niks van wat er op de kaart stond wilde ik. Met de grootst mogelijke tegenzin liep ik voor de laatste keer door die afschuwelijk lawaaiige tunnel, en vroeg buiten bij een hotel of ze plek hadden voor één persoon. Het was een retorische vraag, want er waren veel tafels vrij, maar de gastheer zei het nog te moeten checken ook. Er hing een bijzonder slechte energie in dit deel van Italië. Zover was ik inmiddels wel.

Vijf minuten liet hij me wachten. Toen zei hij: 'I'm sorry, it is not possible.'

Ik wilde weglopen, maar een collega greep in. Het was wel mogelijk.

Ik at voor de laatste keer iets met inktvis en keek het hele diner lang mee naar een tekenfilmpje dat een driejarige aan de tafel naast me keek.

Bij het ontbijt, het was eindelijk de dag van vertrek, stond een jongen achter een vitrine die netjes het eten voor de gasten op een bord legde. Ik vroeg een chocoladecroissant. Die legde hij op een bord dat hij in zijn hand hield.

'Something else?' vroeg hij.

'Yes,' zei ik. 'Scrambled eggs, please.'

Ik dacht nog: niet handig dat op één bord te doen, stel dat het elkaar aanraakt.

Dit dacht hij ook, maar wel pas nadat hij de scrambled eggs erop kwakte.

'Do you want seperate plates?'

Ik knikte en lachte vriendelijk. Toch nog iemand gevonden die het beste met me voorhad.

Maar wat hij toen deed!

Hij schraapte de eieren van het bord!

Ik wist niet wat ik meemaakte. Hij schraapte de eieren van het bord en kwakte die op een nieuw, schoon bord. Mijn chocoladecroissant lag alsnog naast gele smurrie.

Een hele ochtend heeft het me gekost om vanuit zijn perspectief te denken. Waar de weeffout in zijn denken zat. Maar ik kwam er niet uit.

Het enige positieve aan mijn reis was dat iemand op het vliegveld achter me aan kwam gerend omdat ik mijn paspoort bij de douane had laten liggen, en dat mijn vlucht op de juiste tijd vertrok.

Airbnb stortte mijn geld terug. Ik liet een goede recensie achter hoe fijn ik het had gehad in Giovanni's appartement in Camogli. Ergens meende ik het.

Zonder zijn appartement was ik nu nog bezig aan mijn roman.

# Inhoud

1 Havoadvies   7

2 Onafhankelijk damesdispuut Sneeuwwitteke   39

3 Wat stoer van je   87

4 Wat kan hij wel   97

5 We hebben het over je gehad   145

6 This is not the room I've booked   189